ちくま学芸文庫

神社の古代史

岡田精司

筑摩書房

神社の古代史　目次

神社の古代史

第1章　日本の神と社

一　古代日本の神々

神々の特徴

これから神社というものをとおして日本の歴史を眺めていきたいと思いますが、個別の神社を取り上げる前に、まず考えておかねばならぬことがあります。それは「神社」に祭られる日本の神々は、どのような性格のものであったのか、そして神社の性格や起源はどのようなものであったのか、こういった点について、まず確かめておきたいと思います。

日本人の神観念も、時代と共に変遷しております。したがってどの時代を取り上げるかによって、かなり違った様相を示すことにもなります。この章では、神社が形づくられていく時期、古墳時代後期から平安時代ごろまでの、古代の人々の「神」の観念と神の祭りについて整理してみたいと思います。

まず第一に、古代日本では一神教でありませんから、あらゆるもの（物体でも生物でも）に神霊が宿っていると考えられ、多様な神格が存在すること。

第二に、神は平常は人里には住まない。遠方の清浄の地、それは山の奥や海の彼方と考えられていましたが、そこから祭りの日だけやって来るものです。

第三に神は目に見えないものである。だから神の形（神像彫刻など）は本来はけっして作らなかった。つまり偶像崇拝はかつてはなかったのです。現在のこされている神像彫刻は、すべて平安時代以降のものばかりです。

そして、四番目にあげられることは、神と死者の霊とは本来はまったく区別されたものでした。だから、死者の個人の霊が神として祭られることは、古くはまったくなかったと考えられています。

こういった神観念を背景に、稲作の信仰が深く根を下ろしている。稲の祭りが日本の神と強く結びついていることも、忘れてはならぬことでしょう。

大まかに以上のような特色を数えることができようかと思います。そこで、ここにあげた特色を中心にもう少し詳しく、述べることにしましょう。

祭りの日だけ訪れる神

日本のカミといっても、いろいろな種類のものがあり、発展の段階もさまざまなものが並んで存在しているのですから、ひとくちに包括していうのは難しいことがあります。神社に祭られるような比較的高度に発展した神でも、記紀神話にみられるような人格神もあれば、『常陸国風土記』の伝承には蛇を神として社を建てている場合もあります。

しかし、のちに神社に祭られ、氏の集団や村里の守り神とされるようになる神々については、およそ右のような特色をあげることができると思います。

そして、この神々は特色の第二にあげたように、人里には定住しないで、山の奥か海の彼方（特定の無人島とか水平線の彼方とか）といった人間の住まない清浄な世界に住んでいて、祭りをするときに、見えない神を呼び出して祭場に迎えるのです。この点は、隣国でも中国の道教寺院に偶像を常時祭っている形とはずいぶん違うようです。

神の平常住む遠方の聖地と、年に何度か神を迎える村里の祭場と、この二つの間を神さまは往復する。この考えが神祭りや神社の背景にあるのです。では、神が常に住まっている世界とはどのような場所でしょうか。

神体山の二つのタイプ

神社成立以前の崇拝対象はどのようなものであったでしょうか。

第一は山とか海中の島とか、そういう人里から距(へだ)った神聖な場所と思われたところです。

第二には岩とか樹木とかの自然物。

第三に鏡や剣のような、神聖な物体。

四番目にはとくに変わった動物、大きい蛇とか、白い猿・狐とか、巨木とか、神の顕現と思われるような動物・植物です。

これらはいずれもはじめは神秘な姿・形からそのものが神と考えられていましたが、やがて神の観念の発展とともに、山は神の住みたもうところ、岩石や器物も神霊の憑(よ)り移る物体とみるようになり、そして、鳥獣の場合も神の使者と考えられるように、信仰の形が変わっていきます。

これらの中で、何といっても基本的な位置にあるのは、やっぱり〝山〟の信仰でしょう。〝神体山〟という呼び方は、お山は神さまの鎮まるところ、神の住まいであると見ると同時に、山そのものを神体として仰ぐ信仰も現在まで続いているのですね。

神道考古学の創唱者である大場磐雄先生は、信仰対象となる神体山を浅間(あさま)型と神南備(かんなび)

浅間型（富士山－山梨県）

神南備型（近江八王子山－滋賀県）

型の二つに分けて考えておられます。

まず**浅間型**というのは、富士山とか加賀の白山（はくさん）とかの高い山岳で、このタイプの山は、山容が秀麗で周囲の山々からひときわ高く目立つ形をしています。多くはコニーデ型の、富士山のような美しい形をしています。神々が天降（あも）りますのにふさわしい姿の山ですが、このタイプのお山には万年雪をいただいていたり、噴火・噴煙などの火山活動を伴うなど、人々が畏怖するような現象があるものも少なくありません。

また、神秘感をいだかせるような気象とも往々に結びつきます。霧がよく湧（わ）くとか、雷がしきりに起こるとかいう気象上の現象です。群馬県の赤城（あかぎ）山も火山で神体山ですが、ここは雷の多い山です。浅間型の山は麓の里宮から仰いで拝むのが原則です。古くは登るものではありませんでした。浅間型の山に信仰のための登山が始められるのは、修験道以後のことです。日光の男体山、信州の穂高岳、越中の立山などがこのタイプになります。

もう一つの神南備型のお山は、奈良の三輪山や春日山が典型です。人里に近い比較的低い山で、笠を置いたようななだらかなやさしい山容が特徴ですが、それでいて周囲の山からはっきり区別されるような姿のものです。

全山緑の樹でおおわれていることも特徴になっています。それからこの場合も、やはり気象や自然現象の顕著なものを伴っていることが少なくありません。

浅間型が峻険な山容で人々を寄せつけないのに対し、神南備型の方は村里に近い緑の小山ですから、人々の生活と密着していることが特徴です。村人は薪取りや茸取りに山に入る。それから年中行事もこの山と結びついて行われるのです。たとえば正月の門松や盆の花も、この山に採りに入ります。田植前の季節に山に入ってフジやヤマツツジなどを採ったりして、一日遊んでくる風習が全国各地にあります。それもこのような山である場合が多い。

神南備型の山は、地名としてはカンナビ、あるいはミムロ・ミモロというものが多い。ミというのは上につく敬称ですから、ミムロ山とは神さまが籠(こも)っていらっしゃるお山、御室山（みむろやま）ですね。あるいはこのような山には村の巫女（みこ）とか、あるいは青年たちが、宗教行事として一定期間籠ることがあったかもしれません。

川・水・島

山に準ずるものとして川や沼、池、こういう所に水の神がいるという信仰がよくみられます。それが農業用水や生活用水の神の信仰と結びつく場合が多いです。そこには現在では弁天様が祭られていることもあります。池や川が農業用水と結びついて一つの神聖な場所になります。

神　島（伊勢湾）

　このような神聖な山の中から流れ出す川、その川の上流から何か流れて来るものが、神の世界から来たものと結びついて考えられます。その一番よい例が桃太郎や瓜（うり）子（こ）姫の話です。桃太郎や瓜子姫は普通の人間ではないわけですが、あれはどこから来るかというと、神聖な山の奥から流れ出す川、そこでドンブラコ、ドンブラコと流れて来て、そしてそこで神の子が誕生するのです。川を媒介にして神の世界から来臨するのです。

それから、やはり天女の舞いおりる風土記伝承のある近江の余呉湖（よごのうみ）の場合も、すぐ後ろに賤ヶ岳（しずがたけ）がある。あの山も神体山で、その麓には伊香（いかご）神社という古社が今もあります。

それから、もう一つ海の向こうにある島。近くに漁場があるとか、船が通る航路の近くとかそういう所で、たいていは無人島でお祭りをする。現在わかっている所では瀬戸内海が多いですが、伊勢湾の入口にある神島（かみしま）も、ご神体の島だったのです。神島という名前も、それを示していますし、神に捧げられたたくさんの祭祀遺物が今も島の八代（やつしろ）神社に伝来しています。

日本三景の宮島で有名な厳島（いつくしま）神社のある広島県の厳島も、神を斎（いつ）く島だから厳島（いつくしま）なのです。ここも中世までは神主さん・坊さんのほかは住まなかったそうです。そして対岸の宮島口から舟で渡って祭りをしていたのです。

それが、近世に入って門前町が開けて、人が住むようになり畑が作られるようになったのですが、それでも今もって厳島には、お墓を造らないのだそうです。厳島の住民たちのお墓は対岸の宮島口にあります。

それから伊豆諸島の神津（こうづ）島もそうですし、琵琶湖に浮かぶ竹生（ちくぶ）島、あそこも元は無人島だったのですね。そういうことで、聖地として恐れられる島というのが、海（湖）の信仰とかかわって神の籠る島と考えられてきたのであります。

磐座と神木

崇拝対象の第二は神秘的な物体です。その一つは岩石です。岩を崇拝する場合には磐座といいます。それから神木。これは小さい木でもいいのです。とにかくマツとかサカキとかツバキとかの常緑樹であることが条件です。もっとも、ケヤキは巨木になって枝ぶりがいいせいですが、落葉樹ですけれどしばしば神木になります。枝ぶりのいい樹は神さまが梯子にして天から降りてくるのでしょう。神さまは天から見て、降りて来て到着するプラットホームみたいなものが必要なのですね。

神社境内などのスギ・ツバキには古くから人工的に植樹されたものもありますが、多くは自然林の樹木です。森は神の籠る場所としても考えねばなりません。鎮守の森として残っていますが、とにかく人があまり立ち入らないようなところです。人がむやみに入れるような場所では、神の森にふさわしくないのです。滋賀県安土の老蘇森＝老蘇神社のように、森そのものを神として祭っている例も少なくありません。

岩石が神聖視される場合も、三重県熊野市の花の窟や和歌山県新宮市の神倉山のように巨大なものがある一方、茨城県鹿島神宮の要石のように露頭部は十数センチぐらいの小さなものもあります。必ずしも大きいだけが磐座の条件ではなく、地下に根を張ったように拡がっているものとか、聖地にあるとか、とくに変わった形態であるとか、何らかの理由で人々に神秘な感じをあたえるものが磐座とされます。そういう岩石そのものを崇拝する石神の信仰は、現在の民俗の中にも広く見られることです。

やがて信仰が進みますと、そのような岩石は神そのものではなく、神を祭る時に神霊を憑り付ける依り代と考えられるようになります。社殿の背後、あるいは神体山の中腹などに、どっしりとした巨岩にシメナワを張ったりしたものを見ることがあります。またあきらかに人工的に置いたと思われるものが御旅所などに見られることもあります。

この章の最初に、日本の神は姿を見せない、その姿を彫刻などにして崇拝することもない、ということを申しましたが、姿を見せぬ神が人々の前に現れて祭られる時には、神さまが憑り着く物体などが、祭りの対象として必要になります。そこで磐座も神の依り代としての意味をもちます。

神の依り代とされるものは磐座だけではありません。先ほどふれた神の好む常緑樹などもそうです。常緑樹の立木でも、切りとった枝でもよい、そこに神霊を迎えるものがヒモロギです。緑の小枝で垣をめぐらしてさらに中に榊の枝を立てるもの、簡単に榊の枝を一本立てるだけの場合もあります。それにシデを垂れますが、古代ではゆう（木綿）の糸を垂れたもののようです。このような形が古代の神迎えのためのヒモロギでありました。

ここで榊（サカキ）という名が出てきましたが、ヒモロギや玉串、今でも神前に捧げる白紙のシデのついた玉串はご存じですね。そういうものに用いられる植物をひっくるめて榊といいます。関東でも関西でも、マサカキの植物名でよばれるツバキ科の灌木が花屋さんでも売られ、神社でも一般に用いられております。

磐　座（神倉神社）

しかし神事に用いられる榊は、ツバキ科のいわゆるマサカキだけではなく、今でも地方ごとにサカキの名でよばれる植物はさまざまです。ツバキ・ナギ・スギ・マツなどさまざまな植物が、各地で「サカキ」として神事に用いられています。福島県以北の寒冷地では、松がサカキとして用いられることが多いと聞きます。古代においても、常緑樹であることだけが共通の条件だったのです。

神の依り代

このように見えない神を招き迎えて、植物や岩石に憑り移らせ、そこで祭りをする。このような信仰と神についての考え方の延長の上に、鏡とか刀剣とか貴重で神秘を感じるような器物もまた神が憑り移り、神社の御神体となるという考えも生じてくるわけです。

最初に日本では偶像崇拝がない、神像を作ったり描いたりすることがない、ということを申しましたが、古代の日本ではこのように樹木・岩石・器物などに憑り移って祭られるのでありました。神像は現在たしかめられる限りでは、平安時代に入ってからのものしかありません。仏像の影響で作り始めたと考えられています。

神社では、神像にしろ神鏡にしろ、ご神体は絶対見えないような構造になっているのです。ご神体の納められているご本殿は、ふだんは扉が閉まっています。祭りの時だけお扉は開けられますけれど、その内側には絹の帳がかかっていて、中は見えません。

これは仏教寺院で参拝者が直接仏像を仰いで拝む、仏像彫刻に仏の姿を見て礼拝するというのとは、大きな違いですね。中国の道教寺院でも神様ははっきり見えるようになっています。神社のご神体を見せない構造になっているのは、神の姿は見えない、また見てはならないという神社以前からの古い信仰が、潜在的に伝わっているように思います。

なお、人を神に祭らない、いいかえれば死者は神にならぬということを先に申しましたが、平安時代に入ると天神さんなどの御霊(ごりょう)信仰以後、人を神に祭る風習が始まりますが、それが拡大されるのは近代の国家神道のもとにおいてのことです。この問題は、別の機会にお話しすることに致しましょう。

二　神社の成立

神社成立の条件

神社はいつからできるのか、それに答えるためには、神社とは何か、という定義づけが必要になりますね。これまで研究者の間でも、その定義づけを明確にしないままにきた感があります。先にもちょっとふれたように、神社信仰・日本の神々の信仰の背景には稲作の儀礼と信仰があります。日本の神々は、米作りの文化と共に成長してきたといっても、言い過ぎではないでしょう。しかし神社信仰の基盤となる古代信仰は、そのような稲作儀礼ばかりでなく、いろいろな要素がからんでおりますので、古墳時代の間に徐々に熟してゆき、古墳時代の終わりごろ――六、七世紀のころに神社の生まれる基盤が整ったのであろうと考えています。

それでは、どういう条件がそろった時に「神社」が成立するといえるのでしょうか。私は最低、つぎの三つの条件がそろったものが神社であろうと考えています。

第一に一定の祭場と祭祀対象。

第二に祭る人の組織。

そして第三には、祭りのための建造物の成立。

この三つがそろった時であろうと考えます。このうち、決定的な要因は三番目の建造物でしょう。この三つの条件について考えていきましょう。

まず祭場ですが、祭りを行うための場所は、日常の生活の場から切り離された神聖な空間でなければならない。現在の神社の原形に相当するような祭りの場は、かなり早くから成立していたようで、弥生時代・古墳時代の祭祀遺跡の多くが生活・生産の場から離れた山麓や水辺に営まれていることからも推察できます。祭りの場所は、神聖でなければならない。清浄でなければならない。だから日常生活によって生じる穢(けが)

れが及ばないところ、村里から少し離れた小高い所や海辺が選ばれます。

古代の神祭りの様子を復元するのは、なかなか難しいことですが、それを考える手がかりとしては、まず記・紀・風土記などの古文献による方法がありますが、それだけでは具体的な状況を知るのに不充分です。考古学による祭祀遺跡の資料、それからもう一つ後世の文献資料や絵画、また現在も各地で行われている民俗行事や、神社祭祀の中から古い要素を探り出すことが必要です。

これらの手段を総合的に利用することによって、古代の祭りや祭場の様子を、思い切って推定してみたいと思います。

古代の祭場と神祭り

祭祀遺跡については、祭場がその周囲からどのように区画されていたのか、そこまで調査された事例は知りませんが、古い神社の境内地では樹木の伐採や立ち入りを禁じている例が早くからみられます。おそらくそれは古い祭場の慣行にもとづくものでしょう。

古い神社の境内地は、背後に山か森があり、手前には川や溝があって、水によって俗界と判然と区別されていることが多いのです。『古事記』に三輪山の神域について

歌われたものに、

御諸に　つくや玉垣　つき余し　誰にかも依らむ　神の宮人

また、『万葉集』にも柿本人麻呂が石上神宮を歌ったものに（巻四）、

未通女らが　袖振山の　水垣の　久しき時ゆ　思ひきわれは

とあります。この玉垣・水垣（＝瑞垣）というものは、祭場の周囲を木杭や竹で垣を結って、俗界から区別される聖地としての標識としたものでしょう。垣の内は神の世界なのです。このように〝垣〟でかこう場合も早くからあったと思われます。水流が境界となっている場合には、祭りに参加する人がその水で身を清めたであろうことは、後世の寺社の縁起絵巻や民俗行事の事例からも推測できることでしょう。

祭る対象といったのは、神霊の宿るものです。神体山の見えるところでは、祭場から神体山を望んで祭ったのです。静岡県や山梨県に多い浅間神社はいずれも富士山を神体山とする神社ですが、富士山を眺望できる場所に分布しています。そのすべてが古代からのものとはいえませんが、神体山を遠望できるところに祭場が設定されていたなごりです。大和の大神神社が三輪山の麓に、近江の御上神社が三上山の麓に、肥後の阿蘇神社が阿蘇の山麓にあるということも、その一例にすぎません。現在ではいずれも立派な社殿をもつ神社となっていますが、社殿のできる以前にはそれら

は年に数度、山から神を迎えて祭る臨時の祭場であったと思われます。

仮の神殿

伝統ある大社の中にも、社殿成立以前の古い祭場や建造物のあり方をとどめているものがあります。京都の上賀茂神社は『山城国風土記』にもみえる古社ですが、この神社の葵祭として知られる旧暦四月（現在は五月）の祭りの中で、御阿礼神事という行事があります。神社の背後の森の中に御阿礼所という常緑樹の枝で囲まれた四間四方ほどの場所を作ります。勅使や斎王代の参拝のある葵祭の数日前（昔は二の午の日、今は十二日）の深夜にここで御阿礼神事が行われます。それは、祭神ワケイカヅチの神霊を北方約二・五キロにある神体山の神山から御阿礼所に迎えて祭り、神霊をさらに本殿に移す行事であります。

この上賀茂の御阿礼所の神事は、まさに古代の賀茂県主一族が氏の守護神を祭っていた時代の古代祭場の姿をとどめているものといってよいでしょう。賀茂の森がすなわち聖なる祭場であり、かつてはみだりに人の立ち入りを許さなかったところです。そこは神体山を仰ぐ位置にあり、その一角には山から神霊を迎える御阿礼所、つまり祭場が設けられているのです。

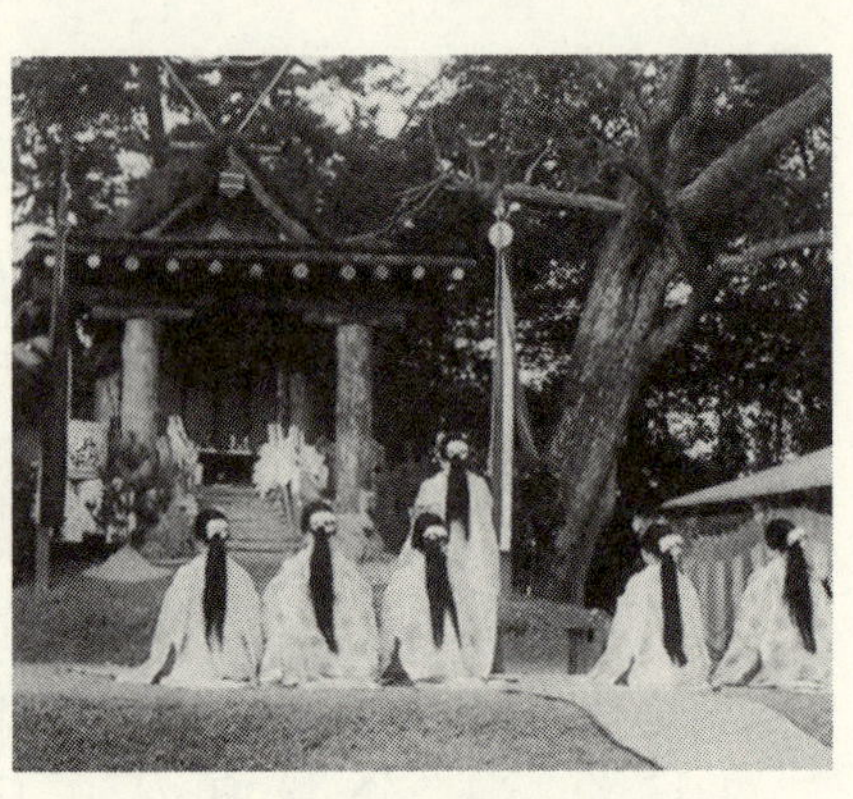
春日若宮の「御祭」の仮殿

奈良の春日神社の若宮は平安末期の十二世紀に成立した比較的新しい神社ですが、その祭りには、春日山を神体山とする古い信仰の面影がみられます。ことに現在では年末の十六日から十八日にかけての行事となっている御祭(おんまつり)には、社殿以前の祭りの投影がみられます。

毎年十二月に入ると、春日大社二の鳥居わきの御旅所(おたびしょ)に、仮殿(かりでん)の社殿が立ちます。皮つきの丸太を用い、屋根も松葉で葺いたものです。十六日の深夜、若宮の本殿から神霊は御旅所の仮殿に移される。それから一昼夜、神饌(しんせん)を供えたりさまざまな芸能の奉仕があるなど、神をもてなす行事が続いたのち、また十七日の深夜に神霊は本殿に還幸します。祭りが終わると、すぐ仮殿はこわされます。

ここには本殿の背後にある春日山から祭りの日だけ、仮殿に神霊を迎えて祭るとい

芋くらべ祭

う、古い祭りの姿がよく伝えられていると思います。若宮社の創祀にあたってその祭礼の形態が、大和地方の古来の伝統的な神迎えの様式で行われるようになったものと私は考えています。

これと同じように祭りの期間だけ、仮設の社殿を設けて祭る例は、民俗慣行のうちにも関西の各地の宮座(みやざ)行事の中に残っています。奈良盆地の各地に、祭りの頭屋(とうや)に当たった家の庭にワラやスゲのオカリヤを設けて神迎えする風習が、少なからずみられます。同様の仮設の神殿を設けることを、オハケを立てるといっているところも岡山県・滋賀県などにみられます。

滋賀県蒲生郡日野町中山の野神祭は芋(いも)

くらべ祭という俗称で知られ、東と西二つの集落から茎葉のついた里いも（やつがしら）を祭場に運びこんでその長さを競って豊凶を占うものです。この中山には熊野神社という神社があり、そこでも宮座の人々の行事があるにもかかわらず、そのあとさらに村はずれのむかで山の祭場に移って、この祭りを行います。そこは岡の上を人工的に平らにしたもので竹矢来（たけやらい）で囲み、平らな河原石が一面に敷きつめてあります。片側の小高いところに磐座とみられる石があり、その前に、木の枝を簡単に組んだだけの神座が東西二つ設けられただけで、建造物めいたものはこれだけです。このような場所で、村びとたちの祭りが毎年くりかえされるのです。

祭場に祭りの日だけ臨時の社殿を設ける形が、春日若宮の御祭や各地の宮座行事と結びついたオカリヤ・オハケの仮設建造物になごりをとどめているとすれば、近江中山の野神祭の事例は、それよりもっと古い祭場の形をある程度伝えているのではないかと思います。

常設社殿の成立

以上見てきたようなことから考えてみますと、古代の神祭りの場所は、はじめはとくに建造物は作らず、祭場の一角に神霊を迎えるための磐座やヒモロギ＝神木があるだけの、簡素なものであったと思われます。古墳時代の祭祀遺跡の多くは、この段階のものと思われます。やがて、祭りの日だけ、神を迎えるための何らかの構造物（上賀茂神社の御阿礼所にみられるように、必ずしも建造物とは限らない）を建てるものに発展し、さらにその社殿が立派になると共に常設化する。つまり、祭りのたびに構築するのでなく年中建っているようになります。

　ここにいう〝社殿〟とは、必ずしも本殿を意味しません。現在でも本殿のない、山そのものを神体とする神社には大和の大神神社や武蔵の金鑽神社など各地にあり、信州の諏訪大社は、上社・下社とも神木が神体です。しかし拝殿とか宝殿とかの建造物をもっています。祭りの儀式・行事やお籠りのための、あるいは神酒・神饌を準備するための建物、神宝類を収納する場所などの建物が、本殿に先立って建てられている場合も珍しいことではありません。

　このように神社の成立をとらえる立場からしますと、神社建築の起源は多元的であり、各地でそれぞれの土地の神祭りの形にふさわしい、社殿の形が生み出されていったにちがいないと思います。建築史の立場からもいくつかの系統の発展として、とらえられていると聞きます。伊勢神宮の神明造と、出雲大社の大社造が一般的にはよく知られていますが、稲倉様式から発展した神明造も、豪族の住宅様式の大社造も、右のような多元的に各地で発生したさまざまな社殿様式の中の一つにすぎません。

神職の出現

祭場から神社への展開を決定づけるもう一つの要因は、〝祭る人〟の問題でありま す。常設の社殿ができるということは、別の角度からみれば、その社殿にいつも奉仕 している専業の人間がいることを意味するでしょう。女性の巫女であれ、男性の神 主・祝(はふり)であれ、神事に専業する人間が現れなければ、社殿を常設することは考えられ ません。〝建物〟の問題と〝祭る人〟の問題は、神社の成立の上で両方が深いかかわ りをもつものでありましょう。

年に数度、その日だけの臨時祭場に神を迎える形の祭りでは、氏人(うじびと)の中から選ばれ た男女が、その日だけ中心となって神事に従事することはあったでしょう。しかしそ のような常設社殿成立以前の祭りは後世の村落祭祀などから推定しても、氏人・村人 が全員祭りに参加したことでありましょうし、その日だけ神饌を捧げる役になったり 神霊を呼び出す役になったりした人でも、祭りが終わればまた日常の生産活動にもど ります。ところが勢力のある大豪族の氏神祭とか、あるいは次章以下で述べるような 王権と密着した神祭りの場合には、どうしても祭りの数も増えるでしょうし、常設の社殿も必要となってくる。そうすると、とても日常生活の片手間に神事奉仕するだけではすまず、専業の神職が現れることになるのではないかと考えます。

ここで〝専業〟と申しましたが、もちろん古代では神職だけで生業がなり立つような社会的条件はありません。後で述べるような王権に直属するごく一部の大社を除いては、専業といっても、氏人の中から選ばれた人が一定期間ごとに交替する場合や、賀茂や春日の斎女(いつきめ)のように特定の家から巫女を出す場合もあったことでしょう。いずれにせよ、ある期間日常の生産活動から離れて神事に専念する人が出現したであろうと思います。

社殿の成立も、神職の出現も、右のような事情を考えますと、各地で同時期に一斉に成立するというようなものではなく、時間的にも地域的にも、バラバラに現れたことでありましょう。王権に直属する伊勢・住吉などの大社では六世紀段階で成立していたとみられますが、民衆の祭る村々の社の場合などでは、このような条件がそろうのは中世以降の、非常に新しい場合も少なくなかったことでしょう。社殿が成立したのちでも、神がそこに常住すると信じられるまでにはかなりの時間を要し、さらに、仏教寺院の仏をつねに祭る形の影響などを考えるべきでしょう。

神を迎える行為

以上のような祭場、あるいは神社において、どのようにして祭りが行われたのか。ここでごく手短にふれておきましょう。

まず祭りの準備、すなわち神を迎えるための準備ですが、祭場も祭りに参加する人も徹底して清浄にしなければならない。不浄・穢れを極端にきらうのが日本の祭りの特色です。祭場を清めるために、山の土や海の砂を撒くようなことも、よくみられることです。神聖な土砂で清めるのです。

祭りに参加する人は、身を清めるために二つの方法をとります。よく〝精進潔斎〟と申しますが、精進は別の言葉でいえば〝物忌み〟です。お籠りしたりしてできるだけ不浄にふれぬようにする。準備期間には世俗の火を用いず、別に鑽り出した神聖な火を食事をはじめ一切の生活用に使います。神のきらう特定の食物（神社ごとにちがいますが、鳥肉とかネギ類とか）をたべない、異性にふれない等々といった消極的な形で穢れにふれぬようにします。

また〝潔斎〟に相当するのは、ミソギ（禊）やハラエ（祓）です。これもいろいろな方法がありますが、共通するものは〝水〟による清めで、水をあびたり川や海に入って身を清めるものです。滝にうたれるものもやはりミソギの一種です。神が不浄をきらうことは、記紀や『延喜式』祝詞にも〝天津罪〟としてみえるところです。

興味深いことは、古典にみえるものでは「罪穢れ」といって、犯罪と不浄を一緒に並べていることで、古代日本では犯罪のツミも、ケガレ同様にミソギ・ハラエや賠償物のアガナイで消去できるものとされたことです。


神祭りの時間は、古代では夜でなければなりませんでした。灯火の普及しない時代には、人の行動する昼間と神の行動する夜間とがはっきり区別されていたのです。ですから神を迎えるのも、もてなすのも、夜の暗闇でなければならなかったのです。伊勢神宮の三節祭という年に三度の重要な祭りの中心の祭儀も深夜に挙行されます。

古代の宮廷祭祀でも、天皇がみずから行う新嘗祭や月次祭の神今食という神事は、深夜の行事でした。現在でも各地の古い神社の祭りには夜間に行うものが少なくありません。東京府中の大國魂神社の暗闇祭もそのような例の一つです。村々の神社でも、近世以前からの古い夜の祭が現在では宵宮・夜祭として大祭の前夜の行事として保存されている場合も少なくありません。神祭りは昔は夜でなければならなかったのです。

第2章　三輪王権の神体山〈大神神社〉

山を祭る神社

第1章の「日本の神と社」で、神々の籠もるところとしての神体山のことにふれましたが、大神神社の特色は、三輪山が神体山で現在でも本殿がないことです。

そして面白いことに大神と書いて「おおみわ」とよぶことです。これはどうしてかというと、古代に三輪山に鎮まる大神を氏の神と信奉していたのが三輪氏であったところから「おおみわ」とよばれ、これが慣習になったらしい。またもう一つの理由は、神社の名前とその神体山、あるいは土地の名前とは必ず一字変えているのが普通です。滋賀県の三上山にたいして御上神社、あるいは京都でも鴨川にたいして神社の方は賀茂神社です。大神の場合は大三輪からまるまる変えています。

大神神社の社頭とその周辺の図1を見ていただきます。山の辺の道を進むと、ひときわ秀麗な山容が目に入って来るのが三輪山です。

松並木の馬場を上っていくと石段があって、その左に夫婦岩がある。この夫婦岩というのは、玉垣の中に二つ小さい石があるだけです。そしてつぎの階段を上ると、目の前に大きなご社殿が見える。江戸時代の初期に造営されたもので、横長形式の拝殿です。

拝殿中央の正面は扉の向こうに「三ツ鳥居」があり、この鳥居をすかしてお山を拝めるようになっています。そしてその両側に山に向かって長い棚がずっとついていて、お供え物を並べるようになっていた。現在はこの棚には薬や酒の神として信仰する人たちの個人的にお供えしたものがふだんは並べられています。したがってこの建物はお供え物を並べ祭りを行うだけのもので、鏡などのご神体を安置するところではありません。神体山を拝む施設です。

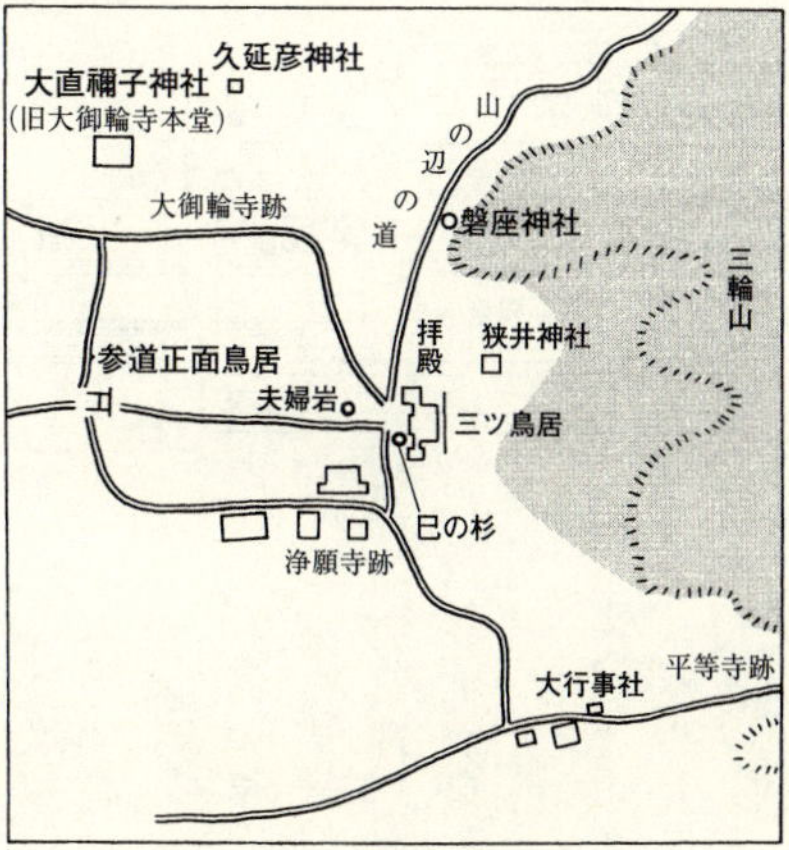

一八七三（明治六）年神仏分離直後に、神社側は本殿を建てようと申請し

図1　大神神社周辺

ましたが、当時の教部省の役人が、いま考えれば偉かったですね。古来の山を崇める由緒を尊重し、本殿をつくる必要なしと却下したので古い形が残りました。本殿のない大和の古社には石上神宮がありますが、大正年間に本殿造営の申請を出すと、こちらは許可された。そのため、古い姿が失われてしまいました。大神神社の場合は許可がなかったため、昔のままの姿が残っているのです。

もう一つの特色は、神社の向きが西向きだということです。お参りする人は東の山を拝むわけです。このことがなぜ大事なのかというと、現在の神社は古代中国の「君子南面」の思想の影響によってほとんどが南向きに建てられています。そこで神体山のある神社でも、社殿が南面したために神体山と社殿の中心との軸がずれてしまうのです。ところがここでは南面でなく、ちょうど三ツ鳥居を通して東にあるお山が拝めるようになって祭っている。この点でも古い信仰の形をとどめています。

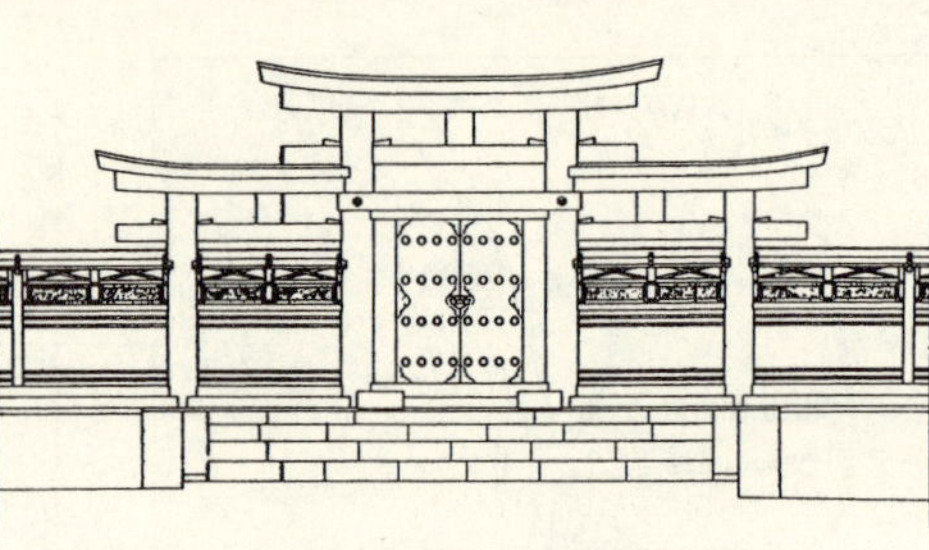
図２　三ツ鳥居正面図（桜井敏雄氏による）

三輪山は、頂上よりちょっと下がったところから拝殿の真後ろになる一帯が禁足地(きんそくち)になっています。つまり建前として、神職以外はだれも入ってはいけないことになっていました。現在は三輪山へは、神社で許可をうけておはらいを受ければ、だれでも登れますが、江戸時代までは全山の立ち入りが難しかったのです。

このように禁足地という信仰上の聖地があって、それが山の信仰と結びついて祭祀対象になっていることも注意されます。

散在する磐座

それにもう一つこの社の特徴的なことは、蛇と石の信仰があることです。三輪山にも境内にもたくさんの磐座(いわくら)が散在しています。自然石を崇拝する磐座は、必ずしも大きいものとは限りません。小さいものでもそれに神秘を感じればよいわけです。しかし、三輪山の中にはずいぶん大きいのもあって、中には人工的に集めたのではないかと思われるぐらい寄り集まっているところもあります。禁足地の中は、大

三輪山

きく三つぐらいのグループがあります。山すそに辺津磐座、中腹に中津磐座、頂上の高宮神社のところは奥津磐座とよばれ、三つのグループに分けられています。

こうした巨石群のほかにも磐座めいた岩石がいくつもあります。二の鳥居と拝殿の〆柱の中間の左側の玉垣で囲った夫婦岩がそれで、これはそれほど大きくもない石が二つ寄り添って夫婦のように見えますが、これもひとつの磐座です。それから狭井神社の手前には磐座社があります。ここも社殿がなくて玉垣にかこまれて磐座があります。それほど大きい石ではありませんが、これらはもと社殿など何にもなかった時代に、おそらくお山を拝む神事を行う場所の目印になったものではないかと思われます。神社の石垣の下を通るのが山の辺の道で、それを北の方へ行くと檜原神社があります。ここもご社殿がなくて磐座だけです。玉垣の中に数個の石が並んでいる。このように三輪山山頂を中心にして磐座がいくつもあるのです。

杉と蛇の信仰

また三輪山には杉が一面に生い繁っています。これらの杉は「三輪の神杉」として『万葉集』にも歌われていて、手を触れると罰が当たるともいわれ、三輪山の御神木になっています。神体山中の石は磐座とされ、杉の木は神籬として、いずれも神の降臨される聖なる石であり、霊木なのです。春日や熊野ではナギが神木になっていますが、ここでは杉が神木になっています。今もこの神社で杉を手に持った巫女の神楽舞があるのは、その名残りです。

また「味酒（うまさけ）三輪」と、三輪の枕詞に使われているほど、酒と三輪は深い関係を持っていて、酒の神様として知られています。十一月には酒祭りが行われ、近畿各地の酒造家を招いて新酒の醸造安全祈願が行われ、お土産に杉玉を受けて来ます。その杉玉は店の軒先につるされ、新酒のできた印となります。また、ここでは湧き水の崇拝もあり、境内摂社の狭井神社には薬井戸という泉があります。

この神社ではまた蛇の信仰があります。拝殿の前の右側に、玉垣でかこまれた二股の巳（み）の杉があり、その前には生卵が供えられている。そういうような原始的な精霊信仰が現在も残っているということが大事なことです。個別の神社のお話しをするにあたって大神神社をトップに挙げたのは、こうした原始的信仰が残っているためで、古い神社では大なり小なり残っているのですが、それがここでは典型的な形で残っていて、よく保存されているのです。

それからつぎにこの神社の大きな特色は、『古事記』『日本書紀』に古い信仰伝承があることです。平安時代の『今昔物語集』ぐらいからあとの神社の伝承が残っているところはよくありますけれども、『古事記』『日本書紀』に古い伝承が記載されているお社は非常に少ない。伊勢神宮にしてもどうして始まったかについての話はあるが、その信仰を伝えるような話はないのです。

大神神社については『古事記』『日本書紀』の崇神天皇のところに、三輪山伝説としてオオモノヌシの神とヤマトトトビモモソヒメとの説話が出ています。姫は神の妻となりますが、毎夜通ってくる男性が、夜が明けると姿が消えているのをうらめしく思い、一度うるわしいあなたのお姿が見たいとお願いしたところ、男はそれでは翌朝お前の化粧箱の中を開けてみるがいい。しかしながら私の姿を見ても驚いてはいけないよと念を押した。姫は朝になって箱を開けて見ると、そこから蛇が現れ、姫はびっくりして大声をあげた。すると蛇はたちまち美丈夫の姿に戻り、あれだけいっておいたのに自分に恥をかかせたと御諸山（みもろのやま）へ帰ってしまった。姫は泣き悲しんで箸でほとを突いて自殺してしまう。その姫の墓が三輪山の西麓の箸墓（はしばか）だといわれています。

オオモノヌシの神話

『古事記』『日本書紀』の神代巻にみえる神話は天皇家の神話と、大伴（おおとも）、中臣（なかとみ）、忌部（いんべ）氏とか伴造（とものみやつこ）の家柄の神話だけを伝えて一般民衆の神話はありません。ところがこれがよく誤解され、『古事記』『日本書紀』には日本人の古い神話がすべてあるように思っている人が多いが、けっしてそんなことはなく、ごく特殊なものです。三輪山のオオモノヌシの場合も出現は神代のところに掛けてあるけれども三輪氏一族の神話です。この神話めいた物語は「崇神紀」にまとめてある。そしてあとで「雄略紀」にも出てくるのです。

さて『古事記』『日本書紀』のオオモノヌシの物語を見ると、まず『古事記』では、オオクニヌシが国造りをする。この国造りはイザナキ、イザナミの国造りよりも古い話で、その国造りをしている時に相棒だったスクナヒコナが常世(とこよ)の国へ行ってしまう。落胆のあまり、これから自分一人でどうしていったらいいだろうと思い悩んでいたとき、海原を照らして現れる神がオオモノヌシで、三輪山に鎮座することを要求する。これが大神神社の起こりになっている。『古事記』ではただそれだけですが、『日本書紀』の方では、あなたはだれですか、と問うと「吾(われ)は是汝(いまし)が幸魂奇魂(さきみたまくしみたま)なり」という。神霊を幸魂・奇魂に分けて考えるというのはけっして原始的な信仰とは考えられない。ここでは問題になるのはオオクニヌシとオオモノヌシが一体だという人がいるわけです。しかしこの問題は後段で述べることにして、問題点だけを指摘しておきます。

その次に「崇神紀」十年九月の終わりの方に、先ほどいいました蛇に化身するオオモノヌシの妻にヤマトトトビモモソヒメがなることが、四道将軍派遣の後に挿入してあります。

それから、この話のもう少し前にオオタタネコの話が出ています。この話は『古事記』にも出ているが、『日本書紀』の崇神七年の条に出ている。国内に非常に病気がはやり、民の死ぬものが多い。どうしてかと占うと、オオモノヌシの神がヤマトトトビモモソヒメに神がかりしてご託宣があり、「天皇よ、国の治まらないことを愁(うれ)うるでない、国の治まらないのは私の意(こころ)だ。もし我が子のオオタタネコに私を祭らせたら、たちどころに国内も落ちつくだろう。また海外の国も、おのずから帰伏してくるであろう」。そこでオオモノヌシの子孫のオオタタネコをもって祭らせました。

三輪山型神話の典型

このオオタタネコという人はどういう血筋の生まれかということが、『古事記』には非常に詳しく出ています。

『古事記』では、オオタタネコの祖先にはうるわしい女性がいて、彼女のもとにその名も知らない男が、夕ごとにやって来る間におのずから懐妊した。それで父母がその人の素性を知ろうと、娘に「赤土(はに)を床の前に散らし、閉蘇(へそ)（紡いだ麻糸を幾重にも巻いたもの）を針につけて、その衣の裾に刺せ」といった。そして教えられた通りにして翌朝早く見れば、針をつけた麻糸は戸のかぎ穴を通り出ていっている。その糸をたどっていくと、三輪山の禁足地に消えていた。そして手元の糸巻に麻糸が三巻残ったので、そこを名付けて美和（三輪）というようになった、乙女の生んだ子の子孫がオオタタネコである、という話になっています。

この話と似たような話は随分あり、民話ではたいてい蛇神が美男に化身して訪れる話になっています。「崇神紀」十年九月の話をはじめ『常陸風土記』『平家物語』『源平盛衰記』、沖縄から青森までのいろいろな民話の形でも残っています。民話の場合は、蛇に魅入られ、蛇の子どもを生まなければならない時に、おまじないとしてヨモギや、ショウブなどを用いた厄除けの話と結びついています。こういう三輪山型神話の典型がこの神社の神話であったことが知られます。

それからもう一つこの神社の祭神が蛇であるとともに雷神でもあることを伝える話が、「雄略紀」七年七月に出ています。雄略天皇が少子部スガルに「三諸岳（三輪山の別名）の神の姿を見たい。お前は力持ちだから捕えてこい」と命令した。スガルは三輪山に登り、大蛇を捕えて帰り、天皇に見せた。天皇は斎戒沐浴せずにそれを見ようとした。するとその蛇は突然光り輝き、眼光も変わってきたので、天皇はみずからの目をおおい、あわてて殿内へ逃げ隠れたという話があります。この話は『日本霊異記』にも載っています。

もう一つ別な話では三輪の神の鎮まる三輪山について『日本書紀』の神代上に「吾は日本国(やまとのくに)の三諸山(みもろのやま)に住まむと欲(おも)ふ」と書かれ、『古事記』の上巻には「吾をば倭(やまと)の青垣の東の山の上に伊都岐奉(いつきまつ)れ」とあるように、三輪の神は神の森といわれる樹木の生い茂る山に住まったことが知られます。

このように三輪山の神というのは蛇の姿で出現し、同時に雷神であることが『古事記』『日本書紀』などに記述されていて、日本でもっとも古い形の神話を伝えた神社であるということがいえます。いわば人格神以前のもの、たとえば蛇とか雷とかの精霊が、人の形をして人間の娘さんのところへ訪れる。ヤマトトトビモモソヒメの場合もそうです。そういう精霊神から人格神への移り変わりの姿をよく伝えている。そういう古い信仰を伝えている非常に貴重な神社ということが出来ます。

蛇神の信仰は現在も〝巳(みい)さま〟として生きており、参拝者が蛇に供えた生卵や酒を境内のあちこちで見かけます。

数多い祭祀遺跡

その次にこのお山には祭祀遺跡が残っていることです。学術的な発掘調査は行われていないけれども、古くから三輪山を中心に周辺からいろんなものが出土しています。臼玉が入った素焼の壺や小型銅器、碧玉製曲玉、水晶製曲玉、滑石製臼玉、管玉、土製高杯、子持勾玉などが出ている。すでに江戸時代の木内石亭の『雲根志』には三輪山出土の石剣類が数個のせられており、その数は相当なものになります。

江戸時代をはじめ明治・大正のころでも南麓の金屋地区より山の辺の道に沿い、拝殿奥の禁足地、また北方の山の辺の道、檜原の岡にいたるカキ、ミカンなどが栽培されている畑にかけてたくさん出土しています。その中で一番有名なのは山の神遺跡で、一九一八（大正七）年に発見されました。狭井神社の東北、狭井川の上流に当たるところで、神体山の三つの神座の一つ、辺津磐座の一つと見られる巨岩を開墾のため動かしたところ、厖大な量の祭祀遺物が出て来たといわれています。

戦前ことで、しかも、開墾による偶然の発見でしたから、どういう形態で出土したのか正確にはわかりません。奈良の骨董屋にどっと出たので、警察がすぐ調べたら山の神遺跡から出たということがわかった。その時押収されたものはほんの一部だったのですが、それがいま東京の国立博物館や國學院大学の考古学資料館、大神神社の宝物館に収蔵されています。ほかにその時、土地の人々によって持ち去られたものもかなりあったようです。

ここからの出土品は前にもふれた臼玉が入った壺や、酒造りに関係ある道具の土製の粗末な模造品などですが、古くから三輪の神が酒造りに関係があったことが知られるものだといわれています。そのほか須恵器や滑石製品など祭祀用具と思われるものも出ています。これらの遺物の種類から見て剣や玉類を除いてはほとんどが農耕、酒造、食事に関するもので占められており、祭神のオオモノヌシが農耕神で酒や飲食を中心とする生活にかかわる神であったことがわかります。山の神遺跡の年代はおそらく五世紀終わりから六世紀の初めの、古墳時代中期後半ぐらいから始まっていたと考えられています。

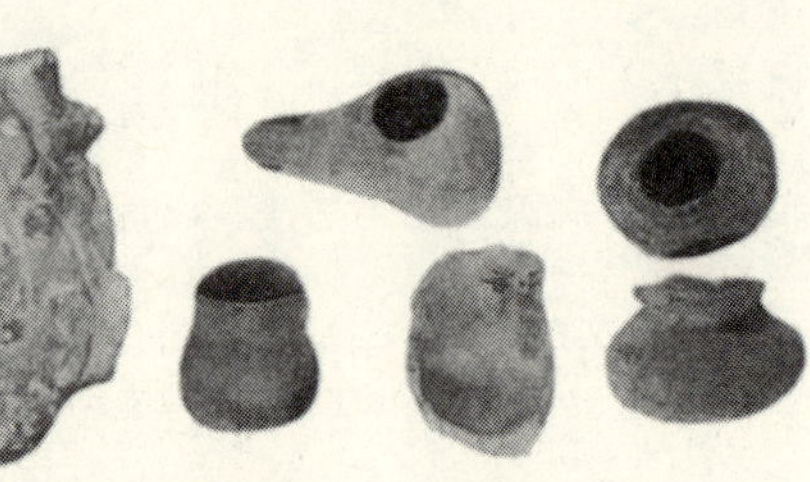

山の神遺跡出土品、子持勾玉と土器

また禁足地にはまだいろいろ貴重な祭祀遺物が埋まっていることは想像に難くないのですが、神聖な場所だけにその調査は望むべくもありません。しかし戦後、三ツ鳥居の修理のため掘ったところ、柱の根の部分から子持勾玉が見つかっております。また同じ禁足地の南端で防火施設のための導水管を敷設する時も、地下から子持勾玉や土器片が出ています。そのほか江戸時代にもここからいろいろなものが出たという伝承がある。そういうことで拝殿がつくられる以前には、おそらくこの禁足地でも祭祀が行われ、奉納物や祭器が埋められていたのではないかと思われます。

酒の神の伝承

大神神社が酒の神として信仰されるようになったことについては、「崇神紀」にその由来が出ています。

　八年夏四月の庚子の朔乙卯に、高橋邑の人活日を以て、大神の掌酒とす。

この活日を祭った神社が、狭井神社の後ろにある活日社です。

冬十二月の丙申の朔乙卯に、天皇、大田田根子を以て、大神を祭らしむ。是の日に、活日自ら神酒を挙げて、天皇に献る。仍りて歌して曰はく、

　此の神酒は　我が神酒ならず　倭成す　大物主の　醸みし神酒　幾久　幾久

如此歌して、神宮に宴す。即ち宴竟りて、諸大夫等歌して曰はく、

　味酒　三輪の殿の　朝門にも　出でて行かな　三輪の殿門を

茲に、天皇歌して曰はく、

味酒　三輪の殿の　朝門にも　押し開かね　三輪の殿門を
即ち神宮の門を開きて、幸行す。所謂大田田根子は、今の三輪君等が始祖なり。

このように天皇が大神神社に行幸して祭りの宴会をしたわけですが、これをもって本殿があった証拠とは考えられない。古代において神様を祭るのに、人間が入ってそこで行事をやれるような構造の本殿を持っていたのは、例外として出雲大社と住吉大社があるだけです。あとは賀茂にしても春日にしても人が入るだけの空間がない。伊勢神宮でも正殿には人は入れることは入れるが、宴はおろか祭儀さえそこではやらない。ですからこの〝三輪の殿〟も、神主か三輪氏一族の館、もしくは神事の宴会をするような建物が禁足地のわきにあったと考えた方がいいように思われます。

出雲国造の神賀詞

それでは、三輪山と大王家との関係を考えてみましょう。オオモノヌシとオオクニヌシがご同体だといわれているのですが、「出雲国造の神賀詞」でもオオクニヌシとオオモノヌシがごっちゃになっている。この国造の神賀詞とはどういうものかというと、全国に国造はたくさんいたけれども、奈良・平安時代になってこの就任式が行われたのは、出雲と紀伊の二国だけだった。しかし紀伊の国造は朝廷で就任式は行われたが、神賀詞のような服属の誓いはしていません。

出雲の国造は、国造が亡くなるとその兄弟なり子どもなりがすぐに後を継ぎ、その就任式を松江市大庭(おおば)町の神魂(かもす)神社で行う。そのあと一年間斎戒沐浴して、天皇への献上品を持って朝廷にいって「出雲国造神賀詞」を読み上げる。それから帰ってくるとまた一年間潔斎してもう一度朝廷へ参内(さんだい)して神賀詞を申し上げる。この二回の上京の儀式を一代ごとにするのです。この出雲の国造の就任式のことは非常に重要だったとみえて『続日本紀』から見られます。

これについては、最初の記事であった七一六(霊亀二)年から始まったようなことをいう人がありますけれども、これは間違いです。というのは、『日本書紀』ではこうした地方の国造の行事はもちろん、宮廷年中行事のことも、一切書かれていない。朝廷のお祭りでも伊勢神宮の式年遷宮でも書かない。なのでその前はなかったということにはならない。ですからこれは文献上の初見ということで、起源はもっとさかのぼると思われます。

その時、国造が潔斎＝ミソギをした温泉が現在の玉造温泉です。玉造温泉は川に沿ってありますが、その川に沿って奥の方にいくと玉造神社があり、この神社のがけの下の、いまは畑になっているところが元湯とよばれていて、そこに昔、湯が湧出していて、そこで国造が上京の前の潔斎をしたという伝承があります。

日本では降伏した人が新たに主人になった人にたいして、あなたの寿命がいつまでも、あなたの治世がいつまでもと祝福することが忠誠を誓う形になる。この形はずっと後世まであり、民間芸能や民謡にもよく見られますが、一番古い形は出雲の国造の神賀詞です。「出雲の神様が、私の弱肩に乗っかって来ていただいて、潔斎をして、この白い玉のように天皇が白髪になるまでお元気で、赤玉のメノウのようにいつも赤い元気な顔をして、青玉の水の玉のように永遠に」というふうに、献上する品の一つひとつに天皇の寿命の長久やら治世の安泰、御代の弥栄(いやさか)を祈り祝福する。そしてこの一つひとつが神様のおことばですよ、ということです。

混入したオオモノヌシの服属譚

ところがこのことだけだったら何でもないけれども、この神賀詞の中に変な言葉が入っている。これは、あとからの追加を考えなければ通じないと思います。

出雲の国造の先祖はアメノホヒで、アマテラス大神が中津国の様子を見に出雲へ遣わしたが、アメノホヒはオオクニヌシに媚びて何年も復奏しないので、改めてアメノワカヒコを派遣したりして最後にタケミカヅチが成功するという形になるのですが、アメノホヒの話は国譲りの神話以前のことです。そういうことがあって「国作らして大神をも媚び鎮めて」、つまりオオクニヌシを鎮めた。そこで白玉、赤玉になぞらえて――といって天皇の長寿を祝福すればいいところですが、ところが出雲の国造が出て来て奏上するというのに、「大なもちの命が申されるには」として「大倭の国」のことは入っている。

> すなはち大なもちの命の申したまはく、「皇御孫の命の静まりまさむ大倭の国」と申して、己命の和魂を八咫の鏡に取り託けて、倭の大物主くしみかたまの命と名を称へて、大御和の神なびに坐せ、己命の御子あぢすき高ひこねの命の御魂を、葛木の鴨の神なびに坐せ、事代主の命の御魂をうなてに坐せ、かやなるみの命の御魂を飛鳥の神なびに坐せて、皇孫の命の近き守神と貢り置きて、八百丹杵築の宮に静まりましき。

大和は天皇の都すべきところであるからとオオナモチが申されて、自分の和魂を八咫の鏡に取り付けたのが「倭の大物主くしみかたまの命」という名にして、その和魂を大三輪の神なび、つまり三輪山＝大神神社に鎮められた。また自分の子のアジスキタカヒコネの御魂を葛城の鴨の神なびに鎮め、同じくコトシロヌシの御魂をうなてに、カヤナルミの御魂を飛鳥の神なびに鎮め、皇孫の命の近き守護神として置き、自分は杵築の宮（現在の出雲大社）に鎮まられた。結局ここをカットすると、話はスムースに解釈出来るのです。

この部分がなぜ入ったのか。この部分は本来は出雲の国造が誓うことではない。そしてこの四つの神は出雲の神と関係なく藤原宮をちょうど囲むような位置にある。だから「出雲国造神賀詞」そのものも藤原宮の時に作られたという説があります。けれどもこれは別に考えなければいけない。なぜなら四つの神などが藤原宮を囲んでいるという問題の部分は、全体の文章からいうと、どうも後から入れたもののように思えるからです。

オオクニヌシという名前自体、よく問題になるのはいろいろな呼び名があり、出雲の方ではオオナモチノミコト（大穴持命）といういい方で祭られている神様ですが、全国的にも広く信仰されていて、『古事記』にも「大穴牟遅と少名毘古那（すくなひこな）と、二柱の神相並ばして、此の国を作り堅めたまひき」とあり、『出雲国風土記』でも「天の下造らしし大神、大穴持命」とあります。オオクニヌシ（大国王）というのは国の主ですから全国のあちこちにそれぞれ国の主つまり首長たちを象徴したものがあるが、オオモノヌシの名前は三輪山の神だけでほかの場所には絶対出てきません。

なぜ三輪山の神がここに顔を出すのだろうか。オオモノヌシは非常に重要な神様だけれども、天皇に降伏する形をとっていたということです。出雲の国造が天皇に忠誠を誓うその賀詞の中で、私も忠誠を誓うために皇居の周りを守りますよと約束している。しかしこの部分は、元々は別の形で、オオモノヌシとその子どもたちが皇居をお護りしますという誓いをする。おそらく三輪氏がしていたのでしょうが、そういう別系統の誓いを、出雲の国造の誓いのことばの中にはめ込んだのではないかと思われます。

大王選定の聖なる場

ところが三輪山の神というのは、そんな服属を誓うような存在だったのかというと、それではまた納得できないような話もあるのです。

崇神天皇の後継ぎを決める話が「崇神紀」に出ています。崇神天皇は六十八年に百二十歳で亡くなるのですが、それに先立って、四十八年の正月十日に、天皇はトヨキ（長男）とイクメとにたいして、「汝等二の子、慈愛共に斉し。知らず、曷をか嗣とせむ。各夢みるべし。朕夢を以て占へむ」といった。すなわち夢というのは、何でもない時に見た夢では神様の意思表示にはならない。夢が特別な意味を持つのは斎戒沐浴して見る夢です。たとえば、わらしべ長者の話で若者が長谷の観音さまにお籠りする。二十一日間お籠りすると満願の日に観音さまが現れてお告げがある。こうした例は『今昔物語集』や『宇治拾遺物語』にたくさん出てくる。こういう話もみな神聖な時と場における夢です。

この「崇神紀」の場合は、正月の十日で初春の神聖な「時」です。そこで二人の皇子は、天皇の命をうけて体を清め祈って床についた。明け方になって、兄のトヨキがみた夢を天皇に申し上げていうには「自ら御諸山に登りて東に向きて、八廻弄槍し、八廻撃刀す」。御諸山とは三輪山の別名ですね。槍を八回突き、刀を八回振ったといった。弟のイクメは「自ら御諸山の嶺に登りて、縄を四方に絚へて、粟を食む雀を逐る」。つまり三輪山の上で穀物を作る夢をみたと報告した。そこで天皇が二人の子に語っていうには「兄は一片に東に向けり。当に東国を治らむ。弟は是悉く四方に臨めり、朕が位に継げ」。こういうことで、雀を逐って農業をする弟の方が天皇を象徴しているということで皇位を継ぐ。ここで粟という字が出てきますが、この場合はアワではなく穀物全体を意味する用字です。モミつきの米の意味もあります。実際には三輪山の頂上の石がゴロゴロしているところで穀物が出来るはずがないけれども、これはあくまでも夢の中の象徴的な話であったということです。

この話の舞台が三輪山だということは、三輪山がある時期、大王の位と深くかかわっていたのではないかと思われます。

三輪山と天皇霊

大王と三輪山のかかわる話が、もう一つ『日本書紀』にあります。

敏達天皇十年の春閏二月に蝦夷数千が辺境を侵した。そこで酋長の綾糟らを捕えて都へ連れてくる。そして天皇は「従わないと首長を殺すぞ」といった。すると「是に綾糟等、懼然り恐懼みて、乃ち泊瀬の中流に下て、三諸岳に面ひて、水を歃りて盟ひて曰さく。「臣等蝦夷、今より以後子々孫々、清き明き心を用て、天闕に事へ奉らむ。臣等、若し盟に違はば、天地の諸の神及び天皇の霊、臣が種を絶滅えむ」といった、という。

ここで問題なのは「三諸岳に面ひて……盟ひて曰さく」というところと「盟に違はば、天地の諸の神及び天皇の霊、臣が種を絶滅えむ」というところです。なぜ三諸山に清き明るき心をもちてと誓わなければならないのか。そして誓約を違えた場合は、〝天皇霊〟に我等の子孫を滅ぼせといったのかということです。ということはこの山にはオオモノヌシがいるだけではなく天皇霊があることになり、三輪山と天皇家とは何か深いかかわりがあったことが知られます。

また先にも述べたように、天皇が少子部（ちいさこべの）スガルに命じて三諸岳の神の姿を見たいといって捕えてこさせるが、天皇が斎戒をせずに見ようとすると雷が突然光り輝きあわてて逃げられたという話がありました。それは、三輪の神は恐ろしい威光を持っている。天皇に従う存在だけれども天皇もつつしまねばならぬほどの不思議な力、威光を持っている。こういうところに三輪山の神と天皇の関係が知られるでありましょう。

それともうひとつヤマトトトビモモソヒメの存在です。ヤマトトトビモモソヒメは崇神天皇の皇女で、皇女が神に仕えていることです。皇女が神に仕えているのは奈良時代までは伊勢神宮の斎王だけです。こういう伝承が三輪の神にもあったということが注目されます。

王朝の交替で変わる位置づけ

これはどう考えたらいいか。一面では「出雲国造神賀詞」にあるように忠誠を誓うような存在であり、片一方では天皇霊や、大王の位を決めるものもこのお山に関係がある。それにヤマトトトビモモソヒメの話にあるように大王家の王女が神の妻になるという存在である。こういう非常に矛盾したものをどう解釈したらいいか。これはこの神社が非常に古い信仰の形を残しているということ、それからこの神社の周りに前期の前方後円墳が集中していることです。

前期の前方後円墳が群集しているところは、全国でも数カ所ぐらいしかない。そういう珍しい場所の一つになっている。のちの天皇家につながるかどうかは別にして、大王級の権力にかかわることに間違いない。そうするとこの三輪山の麓はある時代の王権の中心であった。そして三輪山が王権を象徴するような神の山であったことが想像されます。

記紀の天皇系譜は、第九代まではまったく架空の存在、つぎに第十代・第十一代の崇神・垂仁の二代は、三輪山とゆかりのある伝説的な人物ではあるけれども、実在の可能性がある最初の大王たちともいわれます。第十五代の応神天皇からあとはほぼ実在した可能性の高い大王と思われ、河内から発生した系統の応神天皇が伝承の中では王朝の初代としての扱いになっている。そのあと雄略天皇の子どもの清寧天皇で血筋がいったん切れます。それからあと牛飼いの兄弟が位についたという話がちょっと間にはさまって、そのあと越前近江を基盤にした『古事記』では「近淡海国(ちかつあはうみ)より上り坐(ま)さしめて」とある継体天皇が大王の位に就く。

このように五世紀からの応神系の河内に本拠のあった大王家、六世紀以後の継体系の近江盆地から出た王朝がありますが、それより以前の四世紀の王権は三輪山の麓にあったらしいことが、井上光貞氏以来説かれております。その四世紀の王権の存在が崇神・垂仁のあたりの伝承にある程度投影しているのではないか、と考えられています。もちろん記紀のこの前後の天皇名には架空のものも多く、系譜関係も信用できるものではありませんが。

このように現在考えられている三段に分けられる古代王朝のうちの最古の三輪の神の王権と深くかかわっていたと思われるのが、三輪山の神なのです。

王朝が交替し、支配者が代わっても、聖なる三輪山にたいする崇拝と恐れの気持は受け継がれてきたのでしょう。しかし六世紀以後の王朝の時代となると、その祭祀は続けられていても、大王と三輪山の神の関係は当然変化します。『日本書紀』の神代の国譲りの段の一書にオオモノヌシが服従する話があったり、少子部スガルに神を捕えさせて見物するような話も生まれるのでしょう。その一方で「出雲国造神賀詞」の中にまぎれ込んだ服属の誓いのように、オオモノヌシとその御子神たちが、大王の宮殿を守護する誓を立てる詞章——これはおそらく三輪氏の氏上が宮廷で奏上したものでしょうが——も生まれるのでしょう。

大王の地位と深くかかわりながら、一方では大王に忠誠を誓う姿、その矛盾したあり方の中に、古代王朝の興亡の中での三輪山の王権とのかかわりの変化、この神を奉じた人々の歴史がうかがわれるように思います。

　このような王権とのかかわりの反面、山麓に住む村人の生活と深く結びついて古代信仰の姿を今に伝えていることも、見落としてはならぬことでありましょう。

第3章　大王の守護神〈伊勢神宮〉

伊勢神宮の性格と構成

伊勢神宮というと、〝お伊勢詣り〟を連想する人も少なくないでしょう。弥次喜多から修学旅行まで、民衆に広く親しまれた〝お伊勢さん〟の信仰が、古代以来のもののように考える人も往々にしてあるようです。しかし同じ神社でありながら、古代の伊勢神宮と庶民にも知られた近世以降の〝お伊勢さん〟とは、まったく異なった性質のものです。

古代の伊勢神宮は、ひと口でいえば、民衆を寄せつけぬ〝大王だけの社〟といえるものでした。伊勢神宮に限らず、同じ神社でも時代によって随分信仰の性格が変わっていくものです。

まず伊勢神宮の正式名称についてふれておきますが、それは古代以来、「神宮」または「大神宮」で、〝伊勢〟は便宜的に上につけているにすぎないものです。古代の法律である『律令』や『延喜式』でもそうですし、現在でも正式にはそのように呼ばれています。

まず伊勢神宮はどんな構成をとっているか、概略を申しますと、伊勢神宮は一つの神社ではないということです。これは伊勢神宮に限らず、他の神社でも古い伝統をもつところは同じで、賀茂・日吉・住吉などはいくつかの社の集合体からなっています。伊勢神宮は内宮と外宮が別のような感じを持ちますが、元々は一体になったものでした。中世から経済的な理由などで分かれて別々な形態になっていましたが、明治維新からはまた元の一体に戻り、現在に至っています。

内宮正殿

神宮の場合、別宮、摂社、末社がいくつあるかといいますと、皇大神宮（内宮）には別宮が十ある。この中には近代になってつくったものがあり、倭姫宮というのは大正時代につくられたものです。古代の別宮は八世紀末の延暦年間には内宮では荒祭宮と月読宮、滝原宮、伊雑宮の四社にすぎませんでした。平安時代初めに昇格するのが、伊佐奈岐宮、伊佐奈弥宮です。こういうふうにいろいろ変化があります。

摂社というのは古代では官社の社格をもっていたもので二十五社ありましたが、末社から昇格したものやら何やら増加していきまして、現在では三十七社になりました。後にふれるように消滅したものもあります。このほかに末社や所管社が数社あります。ですから内宮だけでも五十いくつかのお社で構成されていることになります。

豊受大神宮（外宮）には現在は別宮が四つあります。平安時代初めまでは多賀宮だけだったのですが、あといろいろな事情によって摂社が次々に昇格していく。たとえば内宮の風日祈宮、外宮の風宮というのは蒙古襲来の時に、神風を吹かせたという霊験によって別宮に昇格するように、これも時代の流れを強く反映しています。

そして外宮の摂社は古代では十六社だけでしたが、現在は二十社になっています。このほかに、末社・所管社というのもあります。

外宮摂社の場合、江戸初期まで元の場所に建物もそのまま続いていたのは度会大国玉比売神社の一社だけということです。あとは社地だけが残っていたり、十七世紀後半に大宮司の河辺精長が、考証によって復興したりしたものだそうです。所在をたずねるすべもなく消滅したままになっていたものも、少なくありません。内宮の摂社・末社でも事情はほぼ同じです。

神職の組織

現在は神宮の祭りは禰宜が中心となって行い、その上に斎王、大宮司、少宮司がありますが、実際の日常の祭典は禰宜以下の人々が担当しています。

神宮の祭りは禰宜、権禰宜、宮掌、伶人（楽人）が何人かいて、グループをつくって奉仕しています。そして毎日一昼夜の勤務で、当番が内宮・外宮に詰めます。斎館でまずお風呂に何回も入り、禊ぎ・潔斎をする。潔斎といいますと、修験などの行では冷たい水をかぶることがありますが、伊勢の場合はお湯でもいいそうです。とにかく身を清めることが大切なことになっています。一昼夜勤務する間は火鑽具で鑽った忌火で調理した食事をとる。肉やネギ類は一切禁じられた食事です。下級の神職たちはこうした食事の用意から神饌づくり、その他、清掃などもします。伊勢神宮は古くからの資料も非常に多く、こうしたことがはっきりしていて、古代の様子がわかりやすい神社です。

古代では神宮に奉仕する人たちは、だいたい三つのグループから成っていました。神宮の事務局にあたるのが、昔は大神宮司といっていました。のちに祭主が加わったり時代によっていろいろ変わるのですが、第一にこういった事務局のグループがある。今では宮司といえば神主さんですが、古代では大宮司は中央から派遣される事務官僚で、その下に禰宜という神職がいました。禰宜をトップとした祭りを担当する人たちが第二のグループです。この禰宜は古代から明治初年までは内宮の方が荒木田神主、外宮の方が度会神主という在地豪族の世襲で、神主というのは本来は職掌を表すものでしたけれども、それが姓になっています。神宮だけは天皇の氏神のお祭りなので特別に〝神主〟が姓になっているのでしょう。

内宮は荒木田を中心にして大内人、大物忌、物忌（物忌というのは男の子も一、二人おりますけれども、ほとんどが女の子で、神饌などに直接奉仕する子どもたちのグループです）、それに最下級の神職の内人や物忌の補助をする物忌父という職名の人がいました。外宮の方も度会神主の禰宜以下、内宮と同じ職名と構成でした。このような人々は明治維新の全国的な社家追放まで世襲していました。

斎宮と斎王

古代の伊勢神宮には、もう一つ、別のグループがありました。それは斎宮にいる人々です。その中心になるのは、斎王（いつきのひめみこ）とよばれる皇女です。天皇の代理として伊勢国に下り、神宮に仕えていました。このお姫さまを正式には斎王または斎内親王といいます。彼女の住まいが斎宮（いつきのみや）で、現在の近鉄斎宮駅の近くに広がる斎宮遺跡がその跡です。

斎王のことを一般には斎宮（さいぐう）とよびますが、なぜ彼女のことを斎宮とよぶようになったかというと、これには二つ理由があり、一つは、日本では目上の人をずばりと名指すのは失礼に当たる。たとえば天皇のことでも、天皇といわずにみかど（御門）といったり、立派な御殿にいらっしゃる方というので殿様というように、遠回しにいう。このように斎（いつき）の宮にいらっしゃる貴い方だから斎宮というようになった。

それともう一つの理由は平安時代になると、山城の賀茂の神社にも斎王がおかれて斎王が二人になります。そこで区別するために賀茂の方は斎院、伊勢の方は斎宮とよばれるようになります。しかし公的な文書や法規などには、一貫して「斎王」と記してあります。

斎王の生活や御殿の様子がどういうものだったかよくわからないのですが、奈良時代から鎌倉時代までは斎宮寮という役所がおかれて、ここを管理していました。七〇一（大宝元）年に斎宮司が斎宮寮に昇格したことが『続日本紀』にみえますので、それ以前にも斎宮司がおかれていたようです。

斎宮寮には斎宮頭という男性の長官の下に、多数の男女が勤務していました。『延喜式』の「斎宮式」にはここで働く人々の定員が記されていますが、それによると五

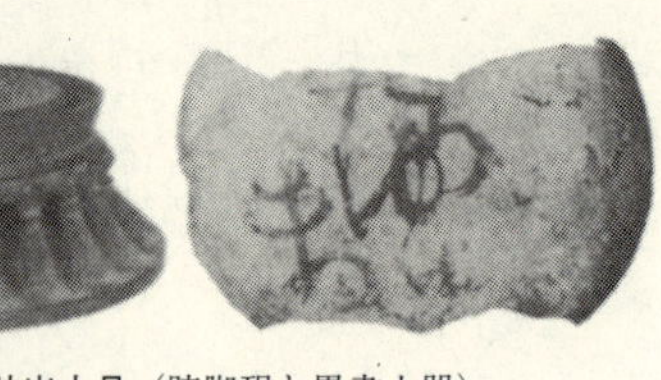

斎宮遺跡出土品（蹄脚硯と墨書土器）

百人を超える人々が働いていたことがわかります。斎宮寮の下には主神司・舎人司・蔵部司・膳部司など十司があって、かなりの規模の役所でした。それらは斎王に奉仕する目的で設けられたものです。

建物も斎王の御殿や神殿のある内院を中心に、斎宮頭の事務所のある中院、その他の建物の外院の三つのグループからなっていました。八三九（承和六）年の火災では百余棟が焼失したという記録があります。建物も広大でたくさん立ち並んでいたことでしょう。

斎宮のあとは、発掘調査が進められ斎宮歴史博物館もあって、当時をしのぶ出土資料や復元レプリカが陳列されています。

斎王のお籠り

斎王はそこで何をしていたのか、はっきり記したものはありませんが、斎宮の御殿の中にいつも身を清めて籠っており、毎日、神宮を遥拝するのが日課だったようです。神宮の直接のお祭りや日常の奉仕は、すべて先の第二の神職グ

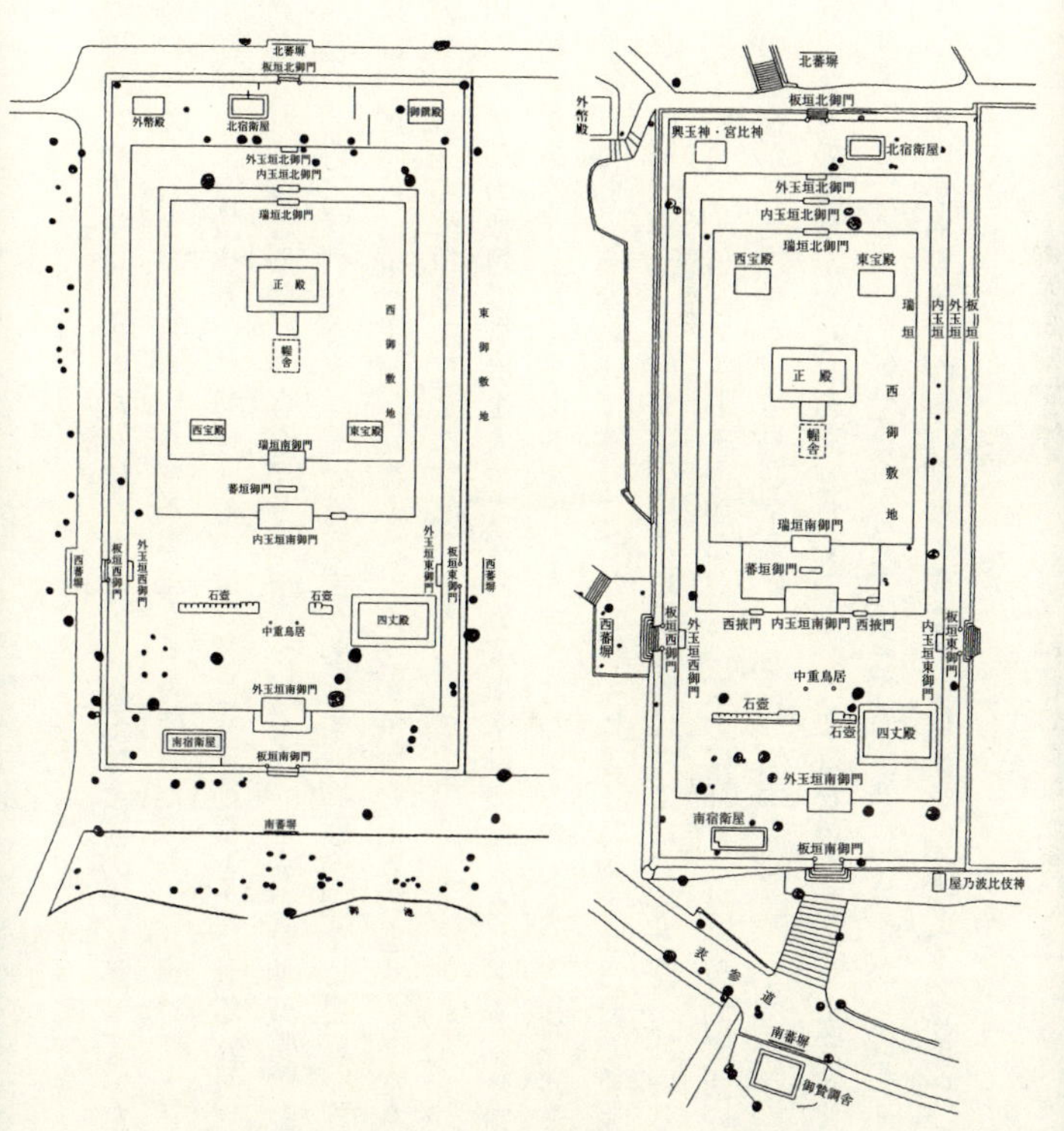

図1　外宮（左）と内宮（右）の殿舎配置図（福山敏男氏による）

ループの禰宜や大物忌の少女たちにまかせて、斎王は斎宮の中に籠っていた。それだけで神に仕えたことになるという、不思議なものでした。

斎王が神宮に直接出むいて参拝するのは、神宮で三節祭とよばれる六月、十二月の月次祭（つきなみさい）と九月の神嘗祭（かんなめさい）の、大きな祭りの三度だけです。この日勅使奉幣のときだけ外宮と内宮の祭典に参列します。その時斎王が着座する御殿が図1に出ています。神宮の神域は戦国時代に荒れ果て、建物もほとんどが倒壊したり、なくなったものが多かったので、現在の配置は古代とは少しちがっています。

南側から最初の板垣南御門を入って次の外玉垣南御門を入ると、すぐ右側に四丈殿という建物がある。これは平面的な形や大きさはわかるのですが、具体的な古代の建築構造は実際はわからないのです。ここは古代では斎王侍殿とよばれた細長い建物ですが、祭りの間、斎王は玉串をささげる以外の時はここにじっと籠っているだけなのです。いま内宮でも外宮でもお参りすると、一般の参拝する外玉垣南御門の内側の右手にこの建物が見えますが（前頁の図1参照）、それが四丈殿です。

しかし祭りの間斎王がただお籠りしていただけではないらしく、平安時代の一〇三一（長元四）年には、斎王が月次祭の最中にお神酒を飲んで神がかりになりご託宣をしたという事件がありますから、神事の間ここで何かをしていたのに違いないと思われますが、具体的な様子はこの時以外はまったく記されていません。

大王の守護神

伊勢神宮は天皇のみの守護神であるということが、とても大事なことなのです。これは「私幣禁断の制」とよばれていますが、桓武天皇の八〇四（延暦二十三）年にできた『皇大神宮儀式帳』の中にはっきり定めてあります。そして『延喜式』の巻四には、

> およそ王臣以下、たやすく太神に幣帛を供うることを得ざれ。その三后・皇太子・若しまさに供ふべくんば、臨時に奏聞せよ。

と定めてあります。つまり皇太子、皇后であっても私的にお供え物をして祈願する時には天皇の勅許を得なければならない、ということになっているのです。ですからその他の人は皇族、臣下を問わず一切、個人的に参拝祈願することは許されなかったのです。『儀式帳』では「遠流」（島流し）に相当する重罪としています。

皇族や貴族が天皇の命令を受けてお参りするのは公的な使者ですから、一向にかまわない。勅使は「四度幣」といって、毎年四回派遣されることになっていました。一度は二月の祈年祭。この時にはほかの神社はすべて神主を神祇官に招集して供物を配

るけれども（第8章参照）、伊勢神宮だけは、勅使が幣物（供物）を持参します。こういうところにもはっきりした待遇の違いがあります。それに六月、十二月の月次祭、九月の神嘗祭の合計四回行く。この四度幣の勅使は皇族または五位以上の貴族が任命されます。それに中臣氏と忌部氏が必ず随行します。

天皇だけはこのように丁重に神宮を祭りますが、臣下はもちろんのこと、たとえ皇族であっても、神宮にたいして個人的に供え物をして祈願した場合には、〝遠流〟という重罪になったのです。古代の伊勢神宮は、天皇の地位と一体のものとして特別な意味をもった神社でありました。

神宮の前身

伊勢の神宮の起源についての物語は『古事記』には書かれておらず、『日本書紀』にだけ書かれています。なぜ『古事記』に書かれていないのか、これも往々にして神宮が新しいという説の根拠にされるのですが、『古事記』には神宮だけでなくほかの神社の起源もほとんど触れていないのです。おそらく『古事記』の編者は伊勢神宮だけでなく神社関係の資料はほとんど見ていないと思われます。一方、『日本書紀』の方はおそらく神祇官にあったと思われる神社関係の記録、資料をかなり詳しく読んで

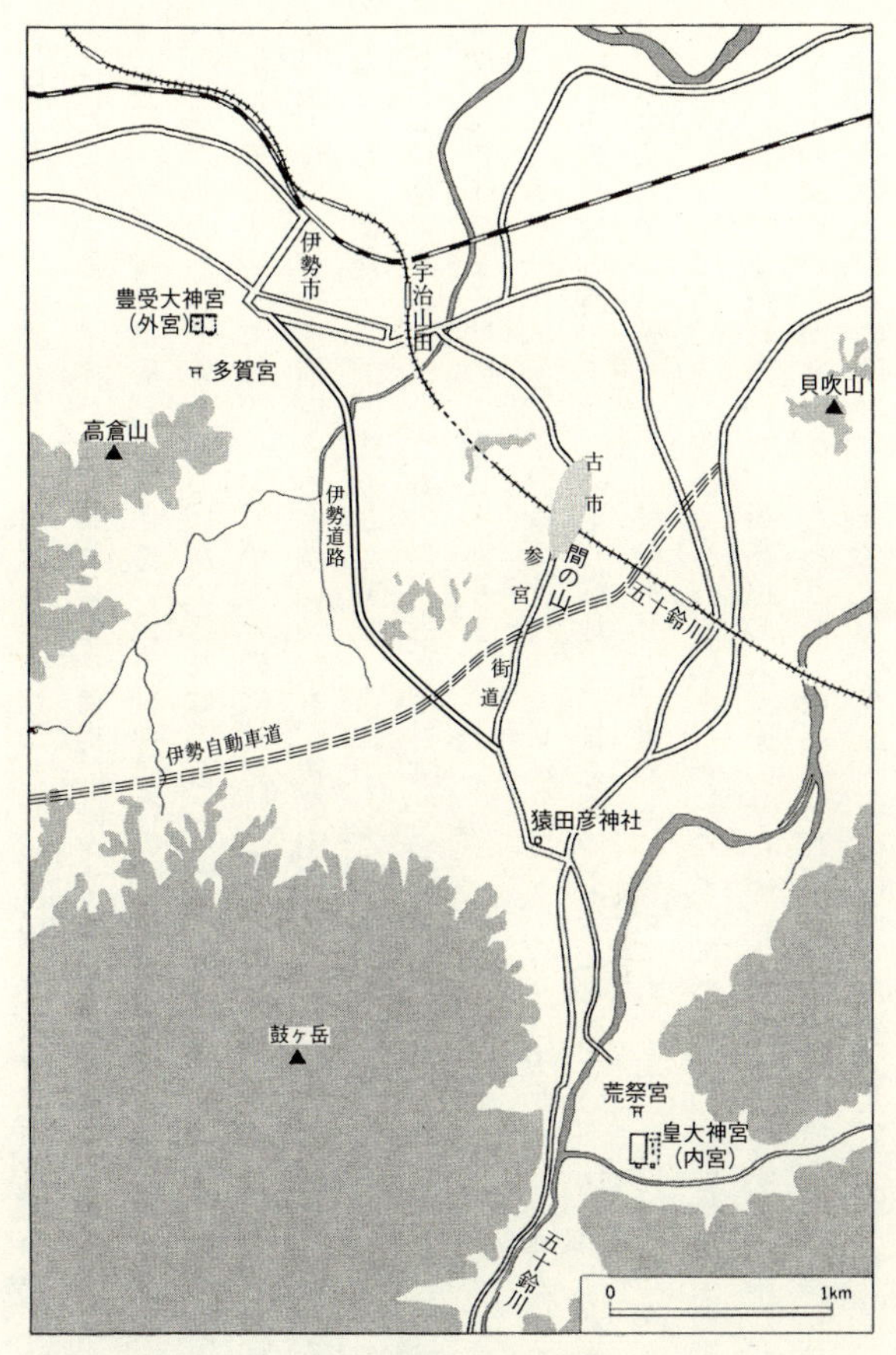
伊勢市
宇治山田
豊受大神宮
(外宮)
多賀宮
貝吹山
高倉山
古市
伊勢道路
参宮街道
間の山
五十鈴川
伊勢自動車道
猿田彦神社
鼓ヶ岳
荒祭宮
皇大神宮
(内宮)
五十鈴川
0
1km

図2　内宮と外宮の位置

利用したらしい形跡があります。そういうことで『書紀』には伊勢神宮についても詳しい記述があるのです。そういうことを前提に話をすすめます。

戦後、伊勢神宮はもともと伊勢の地方神だったのが昇格して天皇家の神になったという説が唱えられているのですが、これは内宮と外宮の機能の違いをまったく無視しているのです。地方神的な要素が強いのは外宮についてのみいえることです。内宮と外宮で一つの神社を構成するとはいっても、その内部ではそれぞれお祭りしてある神も違うし、機能・目的が違うわけです。ここのところを区別しなければならない。また同じ神社であるとはいうものの、内宮と外宮との間は四キロも距離がある。その中間には古市のある間(あい)の山の丘もあります。

ここでもう一度内宮の性格を考えてみたいのですが、大王＝天皇の守護神というのは国家の最高の神であって、そこに地方の神を持って来たらそういう役割が出来るか、ということです。国家の最高神のあり方は世界的に考えても、たとえばメソポタミアでもエジプトでも、また中国でも、王朝が代わるごとに前の王朝の祭祀権を引き継ぐことによって王位に就いた。最高位の天皇家の神に田舎の神を持って来て、果たして日本中の豪族たちがひれ伏すだろうか。最高神としての神威を発揮できるだろうか。天皇が尊敬されるのはアマテラス大神の神威が背後にあるためです。

地方神昇格説の重要な根拠とされるのは、津田左右吉氏以来多くの人が〝伊勢神宮は不思議に伊勢神宮の祭りが記紀神話の中に反映していない〟あるいは〝伊勢の祭りの中に地方的要素が多い〟とか、あるいは〝持統天皇の時、地方民の減税を要求して伊勢大神が託宣している〟といわれた。それをいまそっくり引き継いでいるわけです。先学の説には学ぶべきところも少なくないのですが、現在の研究からすると、これは内宮と外宮とを区別することで説明出来ることが多いと思われますので、のちに詳しくお話しします。

ついでにいうと、祭神のアマテラス大神という名前は固有名詞ではなく、普通名詞です。天上で照り輝くという形容だけで、固有名詞は消えてしまっている。恐れ多いから本名をいわないんです。『日本書紀』と『皇大神宮儀式帳』に出てくる「オオヒルメムチ」というのが本当の名前なのですが、これは公的記録以外には一切いってはならないタブーになっていたので、ここ以外には記さなかったものでしょう。

内宮の起源伝承

それでは内宮の起源は何なのか。『日本書紀』では、ヤマトヒメによるアマテラス大神を伊勢に移した話があります。これは崇神天皇六年に、それまでにアマテラス大神とヤマトノオオクニタマ二神を、天皇の大殿に祭っていたが、「共に住みたまふに安からず」というので、アマテラス大神を倭の笠縫邑に移して、トヨスキイリビメに祭らせたとあります。その後、垂仁天皇二十五年には、トヨスキイリビメからヤマトヒメに交替させた。そこでヤマトヒメは、アマテラス大神の鎮座の地を求めて、菟田、近江、美濃をめぐって伊勢に至った。つまりヤマトヒメは神様のご託宣のままにあちこち放浪して、そして伊勢へ移したという。

この話については、江戸時代の国学者、あるいは明治以来の神職系統の学者たちは、伊勢神宮のご神体になっている鏡を抱いて動いたというけれども、鏡のことは『日本書紀』には一字もありません。考証学者の丸山二郎氏も『日本古代史研究』という論文集の中で、鏡の伝承はなかったはずだといっておられる。その通りで、笠縫邑に一時鏡をお祭りしたとか何とかいうけれども、「鏡」の字は『日本書紀』には一字もない。笠縫邑は、都が飛鳥のあたりにあった時期の「野宮」を反映しているのではないかといわれています。野宮というのは平安京になってからは嵯峨野のあたりにつくって、斎王が任命されてから伊勢へ向かうまで一年間ほどそこにお籠りする所です。

このように平安京のだけはわかっているのですが、それ以前にこれがどこにつくられていたかについては、奈良時代に春日のあたりにつくられたという資料が一カ所あるだけでほとんどない。笠縫邑もそういう古い時代の野宮の一つと考えてみたらいいのではないでしょうか。

巫女の託宣と伝承

そしてこの話は何の話かというと、トヨスキイリビメ、ヤマトヒメと女性しか出てこない。そしてヤマトヒメは神様のお告げのままに移動して最後に伊勢へ行く。このとき、『日本書紀』の「垂仁紀」二十五年三月には、「天照大神を豊鍬入姫命より離ちまつりて、倭姫命に託けたまふ」と書いています。するとこれは「託」つまり巫女としての彼女たちに天照大神が憑り移って託宣した。そう考えなければならない。そして放浪の旅の最後に伊勢に至る。それにつづけて、

> 時に天照大神、倭姫命に誨へて曰はく、「是の神風の伊勢国は、常世の浪の重浪帰する国なり。傍国の可怜し国なり。是の国に居らむと欲ふ」とのたまふ。故、大神の教の随に、其の祠を伊勢国に立てたまふ。因りて斎宮を五十鈴の川上に興つ。是を磯宮と謂ふ。則ち天照大神の始めて天より降ります処なり。

アマテラス大神が伊勢国を気に入ったので、鎮座地に定めたとこう書いてありますが、これも神のご託宣と考えればいいわけです。したがって『日本書紀』の伊勢神宮の起

源伝承というのは巫女による鎮座起源の〝語り言〟だと思われます。ですからこれは託宣の文学の断片であって、おそらく斎王またはその周辺の人たちによって、祭りの時に語られたことばではなかったか。

そして「因りて斎宮を五十鈴の川上に興つ」とあるのですが、この斎宮は内宮を意味するという解釈が古くから一般的ですが、内宮だったら何で「斎宮」と書いたのかわからない。そこでこれも巫女のご託宣で、巫女集団の斎宮――場を五十鈴川のほとりに建てたという、いわば彼女らの起源伝承、斎きの宮の起源伝承と考えれば納得出来ることだろうと思われます。

このような神宮の起源伝承は巫女の語った伝承であって、歴史事実を伝えたものと考えてはいけない、ということを、ひとつおさえておきたいと思います。

内宮と外宮の性格の相違

つぎに、なぜ大和に宮都を持った天皇家の守護神が伊勢に祭られているのだろうか、また、なぜ内宮と外宮があるのか、こんどはこうした神宮の不思議や謎について考えてみたいと思います。

さきに内宮と外宮は一体といいましたが、混同してはならない。両社で神宮を構成しているが、起源も性格もまったく別です。内宮と外宮の関係をはっきり考えないと、わからなくなってくることが多いのです。古い伝統をもつ神社だと、必ずといっていいほどその近くに自然崇拝の対象になるものがあります。特別な森とか特別な磐座（いわくら）や神体山がある。内宮の方はそういうはっきりしたものがない。もっとも少し離れたところにある朝熊山（あさまやま）の信仰と関係あるかも知れないという人もいるけれども、どうも古代からの関係ではなさそうです。しかしそういう位置にはあるし、後世に結びついたことは確かです。

外宮の方には宮院の手前に高倉山という高さ百メートルあまりの丘があります。外宮は南向きになっているので向かい合う形になっていますが、これをくるっと向きを百八十度変えればこの山を背後にしてお祭りする形になります。第2章でもふれたように、もともと山を崇拝するものであったのが、社殿を南面させて方角を変えてしまったために、何のことかわからなくなったという神社はたくさんあります。

伊勢神宮の外宮の場合は奈良時代にはもう南向きになっていたことは、延暦年間の『止由気宮儀式帳（とゆけぐうぎしきちょう）』の記載で明らかですが、それ以前は山を背後にして位置するものであったろうと思われます。ところが内宮の場合はそういう自然崇拝の痕跡は見られません。

このように伊勢神宮といっても、内宮と外宮とでは、そういう原始信仰の対象の有無ということが、はっきり違っています。それは土着の神と、畿内から移して来た大王の神との相違と思われます。

外宮御饌殿

外宮先祭の慣例

それに伊勢神宮ではアマテラス大神を祭る内宮の方が一段格が上なのは確かです。ところがお祭りは一日ずれて行われる。しかも、外宮の方が一日先に行われるのです。このことについて、だいぶ前に私も論じたことがあるのですが、その時、都から行くと外宮の方が近いからではないかと批判する人がいたのですが、ただの行く道筋、順序からすればそうかもしれないが、そんな単純なものではない。天皇が伊勢神宮の奉幣使にお供えの幣物を渡す儀式は、大極殿（のちには紫宸殿（ししんでん））で行われます。この時、天皇の前で神祇官の役人が勅使の皇族に幣物を渡す。その時に外宮の方を先に、内宮の方を後に渡します。そのほかすべての行事が外宮の方が先に行われていたらしく、平安時代に書かれた本にも「外宮先祭」ということばが見られます。神嘗祭（かんなめさい）でも十六日が外宮で、十七日が内宮です。そこには、やはり外宮を先に祭らねばならぬ理由が秘められていると思われます。それは外宮が本来の土地神だからでありましょう。

外宮御饌殿の行事

それからもう一つ、伊勢神宮ではいまだに内宮では、日ごとの朝夕の酒食のお供えはしないのです。祭典の時には供えるけれども、ふだんは供えません。ところが外宮の方では毎日、朝夕のお供えがきちんと行われます。このようになぜ外宮でだけお供えをして内宮でしないのか、別々にしないのか、これも神宮の謎の一つになっています。

外宮社殿配置図（図1、六七頁参照）を見ると、一番上の板垣北御門と次の外玉垣北御門との間に宿衛屋という当番の神職がいる小屋があり、その右隅に御饌殿（みけでん）（七八頁写真）という建物があります。この御殿は普通の神社の建物と違い、高床の板倉造で、南側と北側の両方に扉が開いているのが特徴です。この御殿内部の東側にアマテラス大神以下内宮の神々、向かいの西側に豊受大神以下外宮の神々の座がもうけられており、向かい合って内宮の神々を接待する。そういう形になっています。

御饌殿の由来についての伝承が『大神宮諸雑事記』の中に出ています。それによりますと、聖武天皇の時代までは外宮で食事を作って神職が一日二回、内宮まで運んで供えていた。ある時、途中の山道で神職が犬の死体に出会ったのに見過ごしていってしまった。ちょうど聖武天皇が病気になったので占ったところ、神宮のお供えの食事に穢(けが)れがあり、その祟(たた)りだということで、それ以後、穢れをさけるために外宮の神域内でお供えするようになったというのです。この話はある程度信用してもいいのではないかと思います。そのように神宮の朝夕の献饌は外宮においてだけ行われ、内宮ではタッチしないのが伝統です。

この御饌殿の行事についても『止由気宮儀式帳』に載っています。それには外宮禰宜度会氏一族の大物忌(おおものいみ)という役の少女、のちの例ですと七、八歳から十二、三歳の女の子が白衣に「おすい」というショール状の長い帛(はく)を肩にかけ、木綿(ゆう)のたすきをつけ手を洗ったまま、冬の寒い時でも濡れたままの手で、神饌をお供えしたと記してあります。埴輪の巫女を思わせるような姿で奉仕したのです。

外宮の神職が内宮のアマテラス大神に神饌の奉仕をするのは、外宮の豊受神――度会の土地神が外来の大王の守護神に奉仕する形です。これは外宮の神が服従の誓約の形を示すものでもあります。古代日本では食物供献を媒介とした服属儀礼が行われていました。内宮の祭神が大王の神であり、外宮の神が大神の神饌に奉仕する地方豪族の神であることは、御饌殿の行事からだけでも明らかでありましょう。

内宮の神主は新来の荒木田氏

つぎに問題にしたいのは、内宮と外宮の神主たちの性格が違うことです。内宮の神主は荒木田氏で、荒木田氏は中臣氏の分かれだといっている。実際にはどうかわからないが、系図の上ではそうなっています。荒木田（あらきだ）というのは「新墾田（あらきだ）」で新たに開墾した田のことだと思われますが、実際に大貫（大野木）というところで新たに開墾した土地を荒木田氏の先祖がもらったという伝承があります。ですから地方豪族としては度会氏ほど古い家柄ではなさそうです。

『豊受大神宮禰宜補任次第』という鎌倉時代に出来た度会神主の伝承を集めたものによりますと、天武天皇の時までは内宮・外宮両方とも度会氏が一手に大神主という名前で奉仕していた。ところが天武天皇の時に内宮禰宜と外宮禰宜に神職が分けられてしまった。それから荒木田氏が内宮を担当するようになった、とこう書かれています。これもいろいろな点で信用していいのではないかと思われます。

これにたいして外宮の方の度会神主というのは非常に古い家柄と思われることが多

く、先祖のアメノヒワケという神は、『伊勢国風土記』逸文によると、神武天皇の命令で伊勢を平定に来たとなっています。これはあとから神武天皇伝承と結びつけたものでしょうが、とにかく中央氏族の分かれではなく、アメノヒワケという独自の地方神を先祖にした伝承をもっていることが注目されます。

外宮を見おろす巨大石室の古墳

それから外宮を見おろす位置に、高倉山古墳という古墳があります。石室が一番大きいのは飛鳥の石舞台古墳といわれていますが、高倉山古墳の石室は石舞台古墳とほぼ同じぐらいの規模で、全長はかえって長いという古墳です。その立地条件から見ると石舞台古墳は平地であり、高倉山古墳は百十七メートルの丘の上にある。その頂上近くにこれだけの巨石を運び上げてつくっている。手間がかかっていることは石舞台の数倍です。考古学の方々の意見では、この古墳の出来たのはだいたい大化の改新前後、つまり七世紀の中ごろと考えていいだろうといわれる。そこで外宮がはじめから天皇家のお社だったら、それを見おろすようなところへ巨大な古墳＝墓をつくれるだろうか、ということです。したがって、ここはもともと度会氏の先祖の氏神と考えた方がいいのではないかということになります。

そういうことで外宮とは一体どういう社かということをまとめてみますと、外宮の神主の度会氏は、アメノヒワケを先祖とする家柄で、土着の豪族のようです。高倉山古墳から考えても、外宮はどうも度会氏がもともと祭っていた神様と考えなければ説明がつかない。また先ほどの外宮先祭のことや、度会氏の先祖祭の祭場が明治維新まではこの山の中に何カ所かあったことが注意されます。

柳田國男先生の「山宮考」という論文の中に、山の神と先祖の神とが一体となるような資料の一つとして、度会氏の例を挙げておられる。高倉山の中に山宮というのがあって、そこで先祖の祭り、氏神の祭りをするというのです。高倉山古墳から東の方へ伸びる尾根のところに度会氏山宮祭祭場があります。山宮祭というのは祖先祭りに間違いないと柳田先生はいっておられる。

そして山宮祭のことについては、南北朝から室町にかけての外宮の記録の中にもずいぶん出てくる。一方、荒木田氏の方は内宮神域からずっと南の、内宮とちょっと関係ないところに氏神祭の祭場がある。外宮の方は度会氏と高倉山が神域と密接に結びついています。

外宮をとりまく度会氏関係の神社

それから伊勢国の南部をむかしは度会郡といいましたが、この地方の国つ神になるような神々のお社はどこにあるかというと、外宮のすぐ北側にある度会国御神社です。これは考証によって復元したものですから、いまのお社がすべて元の位置のままとはいえないけれども、ほぼこの近辺にあったと思ってよいでしょう。それから度会大国玉神社、これは度会の地域の国魂神。さらに田上大水神社。度会氏は一門から四門まで分かれていて、これは第四門の氏神祭りの祭場で、古墳の上に社殿がある。これも江戸時代に復興したものですが、古い祭場のようです。また宮崎神社。これは度会氏二門の氏神祭の祭場です。そして、古代の県主制とかかわりがあると考えられる県神社がある。これも地名の考証によって江戸時代に復興したものです。

そうすると後世の復興にせよ、巨視的にみた分布傾向は変わらぬでしょうから、度会氏に関係のある神社は外宮の周囲のほんの狭い範囲、いまの宇治山田の町の周辺に集中していることになります。

元来、山田のところは百船の度会といっていた。度会とはたくさんの船が出入りする港を意味します。平安時代以前の大和から伊勢へ出る街道は、奈良県桜井市から真っ直ぐ東へいって高見峠を越えて、伊勢の櫛田川上流に入っていた。本居宣長もここを通って奈良へ向かったといいます。東海道という名称も伊勢湾を横断するところからきたもので、後世になっても熱田と知立、あるいは熱田と桑名の間の海上を船で往来していたのです。

この平安時代以後の東海道より、もう一つ古い東海道の海陸の交通路の接点になったところが〝百船の度会〟の地で、古くから非常に栄えた港だった。そういうところだったため、国造（くにのみやつこ）がそこを拠点にしてもおかしくない。度会氏が果たして国造であったのか、県神社があるように県主であったのかわからないけれども、とにかく国造か県主級の、そして石舞台古墳とほぼ同じぐらいの巨石古墳を持つほどの大豪族だったということはいえるわけです。

そうして見ると、外宮はもともと大王家とは関係なくて、度会氏の氏族守護神を大王の祭祀体系に取り入れたといえるのではないかと思います。

内宮は畿内から移した神

では内宮はどうかというと、内宮はヤマトヒメのご託宣の例があるように、畿内地方から移した神ではないか、というのが私の考えです。まずさきほどもいったように、荒木田氏が新しい家柄の神主であること。垂仁朝の起源伝承はそのままは信用できないが、古くから巫女がお祭りしている。大和から移って来たという伝承は、巫女の託宣の形をとるとヤマトヒメの物語になります。

その次の根拠として、垂仁天皇二十五年というのは伊勢神宮の創立された年ですが、『日本書紀』のその条に一書にいわくとして別伝を引用している中で、伊勢に移した年が「丁巳（ひのとのみ）の年の冬十月」とあるのです。この十月ということについては、神嘗祭のある九月で、一月間違っているのではないかという人もいるのですが、月は問題としても、とにかく「丁巳の年」に内宮が移って来たという伝承になっています。

神宮の起源としての「丁巳の年」には、特別に大事なことがあったのではないかと思われます。中国の史書には四七七年に、大和王権から中国南朝の宋に使者を送ったことが見えます。いわゆる倭王武の遣使がそれです。このことは大和王権にとっては重大な事件で、ちょうどその年が「丁巳の年」で、伊勢神宮の起源にあたるような、そういうことがあってもいいような年なのです。

大王家の守護神を大和から伊勢へ出した、ということはどういう意味を持つのか。古い時期には、天皇以前の大王の系統はどうも一本ではなかったらしい。大神（おおみわ）神社のところでもちょっと申しましたが、同じ時期に大和盆地で大王陵と伝えられる前方後円墳のグループがいくつかある。三輪山の近くの伝崇神陵、伝景行陵古墳ほか何カ所かにあり、複数の豪族が交替で王位に就いたというようなことも考えられる。また五世紀になると、河内王朝の時代になっても堺の大仙町にある仁徳天皇陵付近の百舌鳥（もず）古墳群と羽曳野（はびきの）市の古市（ふるいち）古墳群、この二つのグループも交替で王位に就いたことも考えられます。

そうすると、そういう大王になるような王家の連合政権があり、あとで系図をつくる時代になって一本にすることだってあり得ます。またそういうことでなくても、大王の家柄は一つであったとしても、それを支える、たとえば葛城（かつらぎ）、平群（へぐり）、巨勢（こせ）といったような地名を持った氏族は豪族連合を構成している。しかしこうした氏族は、だいたい五世紀末ごろ、雄略天皇のころまでに没落してしまう。雄略天皇は、そういう天皇の位をうばいそうな豪族たちを片っ端から抹殺する。さらには名門で大臣の葛城氏も滅ぼすというようなことをやったのですが、そうした大豪族連合に加わって王位を支えた豪族たちがそれぞれの氏ごとに祭っていた神々は、大王の守護神と同格であったに違いない。畿内地方においては、大王の神は他の豪族と同格の神でしかなかった。

度会の地は太陽神の聖地

それで大王の権力を強化するために、たんに一氏族だけの守護神、地方神ではなくて、日本中の全部の豪族の神が家来になるような最高の、いわば神々の王者的な存在になるような神をつくる必要がある。河内王権の守護神は太陽神でしたから、そこは宮都からあまり遠くない候補地になるのは近畿周辺で太陽が海から昇るところ、それは南伊勢地方です。それで都のあった南大和の飛鳥地方から真東にあたる、高見峠を越えて東の伊勢にいったあたりに、新たな大王の守護神を祭る神社をつくる。そして専業奉仕する神主として、度会地方の国造クラスの豪族度会氏を神主に任命したのではないか。今の外宮の地は、もともとは度会氏の太陽神祭場であったと考えられます。

　このように特別な家柄が伴造（とものみやつこ）として神主になるということは、大和王権の海の守り神である住吉神の津守（つもり）氏、石上神宮の物部（もののべ）氏にも見られます。石上神宮が物部氏の氏神でないことについては、第5章でふれることにします。

結び

以上お話ししてまいりましたように、伊勢神宮の中心となる内宮は、古来の大王＝天皇の守護神であって、祭場を畿内から移して新設したもの。外宮はもとは土地の豪族度会氏の守護神であり、服属の象徴的行為として内宮の神に神饌を献（ささ）げる役を負わせたもの、と考えられます。外宮が後世に食物神・穀物神として信仰されるのは、この性格から転化したものでありましょう。

最初にちょっとふれました摂社・末社の神社群については充分述べられませんでしたが、これはほとんどが在来の小土豪や民衆の信仰していた度会の地域的な神々、民俗信仰的な土着神であろうと思いますが、これらも神宮に奉仕するような形で、摂末社として位置づけられたものと思われます。

ここに述べたように、古代の伊勢神宮というものは、民衆とはまったく無縁の大王＝天皇だけの独占的な信仰対象でありました。伊勢神宮が社会一般に尊貴な神として意識されるようになるのは、古代国家が崩壊して天皇の権威も衰え、また神宮の経済基盤もゆらいできた平安末期のころからです。御師（おんし）という神宮の下級神職たちが各地を布教・勧進の活動をして廻るようになって、はじめて民衆は神宮の存在を知るのです。

第4章　航海と外征の神〈宗像と住吉〉

大和王権の航海神

古代国家の形成の過程では、村落や氏人の安全を守る共同体の守り神だけではなく、国家の形成とともに軍事や外交にかかわる呪術的な機能をもつ神も現れてきます。こういった神は、村落や氏族のレベルを超えた国家的な祭祀の対象となる高度な神格ということができると思います。そういった神々の代表として、大和王権の軍事・外交にかかわる航海神についてお話しします。そこで筑前――福岡県の宗像(むなかた)大社と、摂津――大阪市の住吉大社を取りあげてみます。

古代の航海、ことに外国航路となると、たいへん危険なもので、現在のわれわれの想像を超えるものがありました。海洋を越えて異国にわたるのは、航海技術だけではなく神の援助も必要でした。古く『魏志倭人伝』には、倭人の船には持衰(じさい)という物忌(ものい)みをもっぱら行う者が乗っていたことを記していますが、倭の五王の時代に中国や朝鮮諸国と往来した使節らの船にも、やはり、物忌みや神祭りを役とする人々が乗り組んで、一行の安全を祈願したにちがいありません。後の遣唐船にも、「遣唐神主」が乗り組んでいたという史料があります(本書一二八頁)。

古代の対外航路の守護神として、まずあげねばならないのは宗像大社です。

一　朝鮮航路の守護神――宗像大社

三姉妹の女神

地図にもあげておきましたが、ここは玄海灘にのぞみ直接外洋航路にかかわる位置にあります。宗像大社は福岡県宗像郡に属する沖ノ島と大島の二つの海中の島と、九州本土の田島の三カ所にありまして、それぞれ沖津宮、中津宮、辺津宮(へつみや)といってタコリヒメ、タギツヒメ、イチキシマヒメを祭ってあり、三社ともそれぞれの女神とともに他の二神も祭られるという形をとっています。この三社を合わせて宗像大社といっています。その鎮座地が広く海洋にまたがり、規模の大きい点では他の神社に比べ群を抜いています。

辺津宮は筑前国の東北部にあって、本州から九州に入る門戸の要衝の一つになっております。三社の中では一番大きく、本社の位置にありまして、桃山時代に建った重

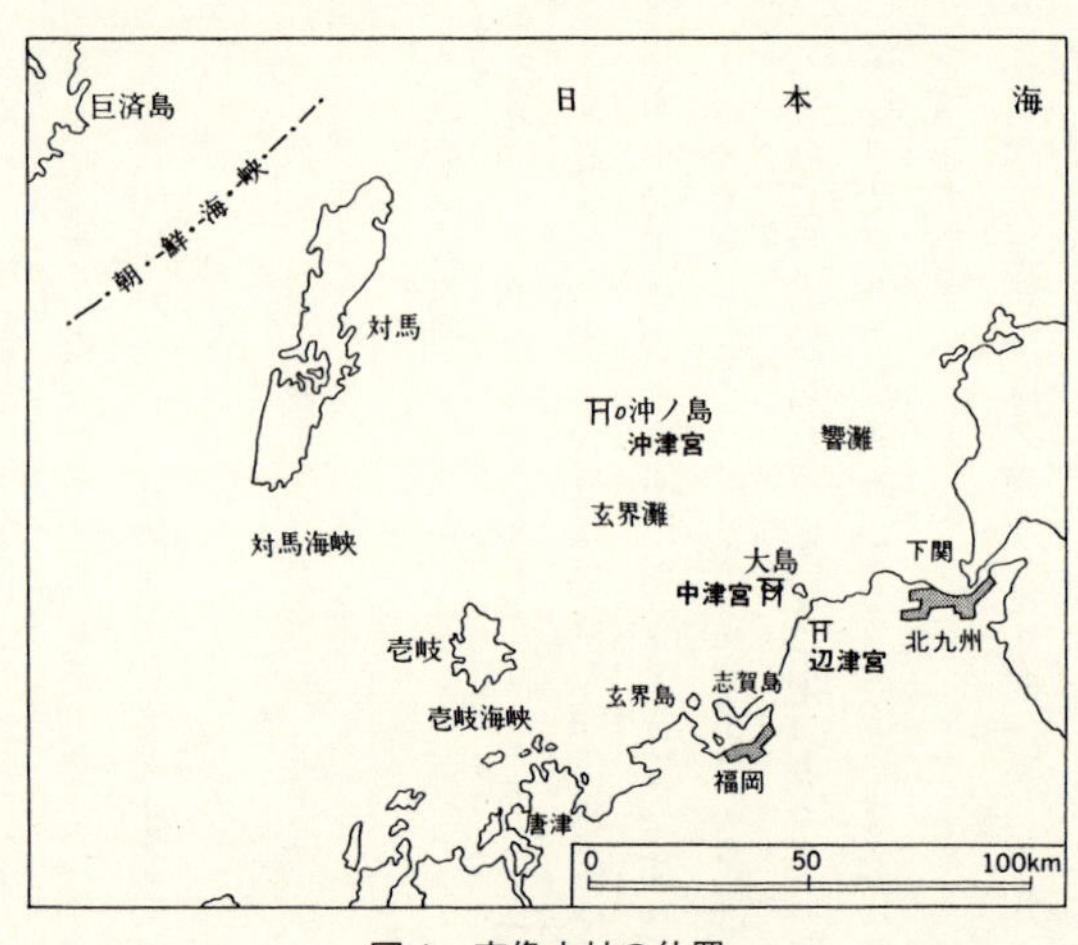

図１　宗像大社の位置

文の立派な五間社流造の本殿と切妻平入造の拝殿があります。ここが古代宗像一族の本拠であったと考えられます。

辺津宮の前方海上の大島には中津宮があります。北西の突出した神崎には宗像大神降臨の地という伝承も語られています。

沖津宮は大島から四十九キロ北の玄海灘のただ中にある孤島、沖ノ島にあります。この島が、三社のうち最も神聖な場所とされています。周囲四キロの小さな島で、全体が無人の神域になっており、社殿は原生林と巨岩の間にあります。島全体が神聖視されていたため、ここには古代祭祀遺跡がよく残されていることで注目をあびています。

ここは、〝お言わずの島〟ともよばれ、この島の様子については、一切口外しないとのタブーがあり、この島にあるものは一木一草といえども持ち出してはならないことになっていました。そのおかげで古代の祭祀遺跡も保存されてきたのです。あまり深く埋まっておらず地表に近いところにあったのですけれど、無人島だったのと、このような厳しいタブーによって、あまり荒らされることなく今日に至ったものと思われます。

玄海灘の神の島

五世紀から七世紀の大和王権の使節や外征軍は、かならず玄海灘を通って渡航しました。南路の東シナ海航路の開けるのは八世紀のことです。

地図をみてもおわかりのように、宗像沖津宮のある沖ノ島は玄海灘の中央に位置しています。宗像の辺津宮からほぼ六十キロ、博多港からほぼ八十キロ、対馬（つしま）の厳原（いずはら）までは七十五キロという地点になります。古代の朝鮮航路は、筑紫から壱岐（いき）・対馬の島づたいにいく航路のほかに、本州の西端の長門から沖ノ島の沖合いを通り対馬に渡るコースもあったことが、この島の遺跡からもうかがわれます。潮流や風向きによっては、このコースもとられることが多かったのでしょう。

そういうことで壱岐や対馬にもさまざまな海の神が祭られ、国家祭祀の対象としていたことは『延喜式』「神名帳」を見てもわかります。この島で卜部(うらべ)が発達したことからも知られるように、呪術的な面でも重視されましたが、大海原のまん中に一つポツンとある宗像の沖ノ島も、非常に神秘な神の島とされ、航路の守り神として重視されていました。沖ノ島は、まわりに入り江もなにもない無人島ですが、ここであとで述べるような古代の祭りが行われていたのです。

辺津宮（本殿と拝殿）

記紀神話の宗像の神

宗像の女神は、神話の上でも特別な神として扱われているといえます。記紀の神話で活躍する神々は、出雲神話の神々を別にすれば、すべて大和・河内を中心とした畿内とその隣の伊勢の神々に限られている。つまり大和王権の神々のみです。ところが、宗像の女神だけは九州の土地神が唯一の例外として登場するもので、しかもその神話はアマテラス大神にかかわる重要な物語です。これは記紀神話の中でまったくの異例というべき扱いとして注目されます。一般に記紀の神社記事は崇神・垂仁のころに集中して記載があり、神代巻にみえる神も特別なもの以外は神の名だけ並ぶものが多いのですが、宗像の女神だけは地方神であるのに、神代巻にしかも誕生の神話が長々と語られているのです。『日本書紀』『古事記』には、アマテラス大神とスサノヲがウケヒ（誓約）をする段で、そこに宗像の女神たちの誕生のことが書かれています。

スサノヲが母の国の根の国へいくことになり、姉のアマテラス大神に別れを告げるために高天原に昇ります。しかしスサノヲの荒々しいふるまいに、高天原を奪いにきたかと疑ったアマテラス大神は、女神ながら弓矢で武装して対決することになります。スサノヲは別離に来ただけで邪心のないことを告げますが、アマテラス大神は信用しない。彼の誠意を証明するためにウケヒを行って、それぞれ玉・剣の物実（ものざね）から子を生むこととします。

ウケヒとはどういうことか。これもいろいろ解釈がありますが、国文学の土橋寛（つちはしゆたか）氏の説が一番すっきりしていると思います。その説では、卜占（ぼくせん）や裁判のための呪術であって、未知のことまたは真実を知るために行うものです。正しい行為または成功であるならAの現象が、偽りもしくは失敗であるならBの現象が起こるであろう――と、あらかじめ言立てをしてから行う正邪の判断や予知の卜占である、とされます。
アマテラス大神とスサノヲも、たがいに邪心のないことを証明するために、言立てどおりに玉・剣から男女の神が生まれるかどうかで占ったのです。

天照大神、乃ち素戔嗚尊の十握剣を索ひ取りて、打ち折りて三段に為して、天真名井に濯ぎて、齰然に咀嚼みて、吹き棄つる気噴の狭霧に生まるる神を、号けて田心姫と曰す。次に湍津姫。次に市杵島姫。凡て三の女ます。

はじめにアマテラス大神がスサノヲの十握剣を取って三段に打ち折り、洗い清めバリバリとかみくだいて吹き出すとタコリヒメ、タギツヒメ、イチキシマヒメの三柱の女神が生まれる。そしてこんどはスサノヲがアマテラス大神のネックレスの玉を取ってそれをバリバリかみくだいて吹き出すと、アマノオシホミミ（ニニギの父）以下、五柱の男神が現れる。

又勅して曰はく、「其の十握剣は、是素戔嗚尊の物なり。故、此の三の女神は、悉に是爾が児なり」とのたまひて、便ち素戔嗚尊に授けたまふ。此則ち、筑紫の胸肩君等が祭る神、是なり。

こうしてウケヒによってスサノヲの誠意が証明されました。そこでアマテラス大神は、スサノヲの剣から生まれた三女神をスサノヲの御子として認め、これが宗像に祭られる神になるわけです。

宗像の三柱の女神は、アマテラス大神の口から出現したけれども天つ神ではない。スサノヲの娘ですから国つ神です。こういう微妙な扱いについては中央の朝廷でも頭を使ったと思います。「此則ち、筑紫の胸肩君等が祭る神、是なり」とあるように地方豪族宗像氏の神だから天つ神の扱いは出来ないけれども、国つ神としては最高の扱いをしたのだろうと思います。ここにも大和王権の外征・外交ルートの守護神ではあるが、同時に筑紫の地方豪族の氏神でもある複雑な関係が反映しています。

このあと問題になる文章があるのです。それは『日本書紀』一書の第三に、

> 即ち日神の生れませる三の女神を以ては、葦原中国の宇佐島に降り居さしむ。今、海の北の道の中に在す。号けて道主貴と曰す。此筑紫の水沼君等が祭る神、是なり。

それは宇佐八幡に女神が天下ったところが宇佐島だと書いてある。宇佐島といったら宇佐八幡のある宇佐です。けれども宇佐八幡を宇佐島といった例はない。ではどこなのだろう、というのが問題になってきます。宇佐島というのは豊後の方ではなくて筑前のどこかだろうとかいろいろ説があるのですが、玄海灘の沖ノ島の別名という説がもっともおちつくようです。

この女神たちは一書の第三の記述では、この三柱の女神は「海北道中（うみきたのみちなか）」にありと書いてあるのです。この海北道中がどこかなどということもいろいろな説をなす人がいますが、いずれにせよ「海北道中」というのは朝鮮へ渡航する航路を意味します。つまり福岡――当時の那の津のあたりからみて北の方。すると沖ノ島の沖合を通っていく航路ということになります。「海北道中」に在りというのはそういうことで、大和王権にとっては軍事・外交どちらにしても国家的な行動としての対外航路の守り神として崇敬されていたのです。

王権直属の航海の神さまとしては難波に住吉神社があるのですけれども、神々には縄張りがあって、住吉さんにお願いしただけでは天皇の支配領域である九州まではなんとかいけても、朝鮮海峡を渡るのは住吉神の力だけではだめで、やっぱり玄海灘を領有する宗像の神の助けを受けてこそ渡航できる、ということなのですね。もちろんその背景には、宗像君配下の海人集団の協力なしには渡航できない、ということがあったのです。

大王の使者による祭祀

『日本書紀』の「雄略紀」に、天皇が直接使者を遣わして、宗像の神の祭祀をした記述があります。しかし使者に神事の最中に祭壇を穢す行為があったので、宗像の神の祟りを恐れての処置とのことが書かれています。

九年の春二月の甲子の朔に、凡河内直香賜と采女とを遣して、胸方神を祠らしめたまふ。香賜、既に壇所に至りて将に事行はむとするに及りて、其の采女を姦す。天皇、聞しめして曰はく、「神を祠りて福を祈ることは、慎まざるべけむや」とのたまふ。乃ち難波日鷹吉士を遣して誅さしめたまふ。時に香賜、退り逃げ亡せて在らず。天皇、復弓削連豊穂を遣して、普く国郡県に求めて、遂に三島郡の藍原にして、執へて斬りつ。

とにかくここでは天皇の命令で宗像の祭りを行っていることがわかります。男女二人の使者が派遣されたことと、祭壇での性的行為があったことは注意をひきます。このように大王の使者を遣した祭りを行うことは、次のことと関係があるわけです。

三月に、天皇、親ら新羅を伐たむと欲す。神、天皇に戒めて曰はく、「な往しそ」とのたまふ。天皇、是に由りて、果して行せたまはず。

天皇が自ら軍を率いて新羅へ遠征しようとした。そのため一カ月前に朝廷から使いを送って宗像の神を祭ったということです。神託によって遠征は中止となりますが、その伏線として、先の祭場での事件が設定されているわけです。天皇の命令で直接神を祭るということは、古代でもそうたくさんはないことです。伊勢神宮は別として、あとは外交・外征にかかわる機会に住吉神社はしばしば祭ったと思われるのですが、その他には石上とか限られた神社だけです。奈良時代よりはるか前、古墳時代に当たる時期に、しかも大和から遠く離れた宗像の神が、天皇の命令で祭られたということが重要です。「海北道中」の守りとしての宗像の祭祀が、大和王権にとっていかに大事であったかがわかります。倭の五王が中国南朝へ送った使節たちも、宗像の女神の加護を祈って渡航したことが、この史料からも明らかです。

巨岩をめぐる古代祭場

調査報告書によると、沖ノ島では一九五四年から七一年にかけて、三次にわたる調査が行われて二十三カ所の祭祀遺跡が確認されています。遺跡の時代も四世紀末ごろから九世紀におよぶ長い間に、何度も神々への祈願の品が捧げられたものとみられています。まさに倭の五王から遣唐使の時代におよぶ長期のものです。

時代からいうと十七号と十六号遺跡がもっとも古く、十九号、十八号、二十一号などがこれに続くものということですが、古い時期のものは巨大な岩石の上に祭具を並べて祭りが行われたようです。古墳の副葬品とまったく同じような鏡・剣や碧玉製品が置かれており、四、五世紀ごろの祭りの形を考える上での重要な手がかりを与えてくれるものもあります。

変わったものでは二十一号遺跡では、巨大な岩の上に大小の石を並べて祭壇状の二・五メートルと二・八メートルの長方形の区画を作り、その祭壇の中央に人工的に大きな岩がすえられています。調査者はこれを神の依り代となる磐座(いわくら)であろうといっています。その周囲に散乱する遺物から五世紀中ごろ以前のものとされています。あるいは巨岩の岩蔭に神に供えたような形で須恵器が並べられていた姿をそのまま残している五号遺跡のような例もみられます。

沖ノ島五号遺跡

岩上遺跡から岩蔭、そして露天遺跡へと古代祭場の変遷するさまがよくうかがわれますが、本土にもこのような遺跡があっても破壊されてしまったのか、それとも沖ノ島だけの特殊なものであるのか、いろいろ考えることができますが、いずれにせよ、この沖ノ島遺跡によって古代の祭りの姿をまざまざと知らされることは貴重です。

現在知られている十個の巨岩をめぐる祭祀遺跡は、祭場としては岩の上や岩の間の非常に狭いところですから、大勢の人が参加するような祭りの形式はとても考えられません。ですからここで行われた祭りは、きわめて限られた人々によって、ひっそりと行われたものではないか、と考えています。

想像をたくましくしますと、大陸へ向かう外交使節や遠征軍の船はこの島の沖合に停泊して、将軍とか大使とかの代表者と神職を含むわずかの人だけが小舟を下ろして島に上陸する。そして巨石の一つを磐座として祭壇を築き、そこに真夜中に宗像の女神を降臨させて秘密の祭儀を営んだのではないか。その間は親船で待つ人々もお籠りのようにして、眠らずに待っていたのではないだろうか。こんな光景を想像しているのですが、どんなものでしょうか。

海の正倉院

以上のような沖ノ島の祭祀遺跡からは、これまでにおびただしい量の遺物が発見され、辺津宮境内の宝物館に展示されています。あわせて四十一面もの銅鏡や、碧玉製品、玉類、刀剣武具や甲冑、さまざまな装身具から馬具と、多様な遺物ですが、それらは〝海の正倉院〟とよぶ人があるほど、質的にもすぐれたものが少なくありません。

大陸製の豪華な品々も古墳時代から奈良時代まで長い期間のものがあり、日本では出土例の珍しい金の指輪とか、正倉院宝物と同じ形のペルシャ製カットグラス、金銅製の精巧な織機、馬具類など、それに唐三彩の壺なども出ています。唐代の敦煌の石窟寺院（莫高窟）や永泰公主墓の壁画にみえるのと同じ形の、幡の棹頭につける金銅製の竜頭もあります。まさに海の正倉院にふさわしい品々ですが、渡航する使節や将軍たちが往路に航海の安全と任務の達成を祈願したり、帰路に朝鮮諸国や中国大陸からもたらした珍しい宝物類を、無事帰国できた感謝として奉納したものが多いだろうと思われます。

『書紀』の応神四十一年の条に、呉（中国の南朝）の国から使節が連れて帰った織女四人のうち、兄媛（えひめ）を神託により神の望むままに宗像の神に奉納したことが見えます。現在この島に埋れていた宝物の類も、これと同じようなケースで帰国したさいに奉納されたものも少なくないでありましょう。

この島に奉納されたものは実際に用いられる品ばかりでなく、金銅製（金メッキの銅）のミニチュアの品もいろいろ発見されています。五絃琴や織機など、すばらしく精巧なものがありますし、鉄製の刀剣やノミ・斧などの工具類から盃や鏡のミニチュアまでさまざまなものがみられますが、いずれも神に捧げるために特別に作られたものでしょう。

また、形代（かたしろ）の類もたくさん出土しています。この島では、ほかに例のない滑石製の形代の人・馬、そしてまったく他に例のない舟形までありますし、金属製の人形や舟形さえ含まれるのは珍しいことです。形代というのは古代では木や草で作って祓（はら）えに用いるのが一般でした。人形の場合には穢れをつけて川に流すものです。金属製のものは『延喜式』などには見えますが、実物はここで初めて発見されました。石の人形や舟形はどのような儀礼にどのように用いたのかわかりません。こういったものも、沖ノ島の古代祭祀の解明の手がかりとなることでしょう。ことに舟の形代は宗像だけの独特のもので、海の神への捧げものにふさわしいものです。

御金蔵の宝物

沖ノ島の状況を江戸時代に書きとめた人がいます。貝原益軒が『筑前国続風土記』などに記述をのこし、また黒田藩士で考証学者として知られた青柳種信が、藩命で島の警備役として渡った折の見聞を『瀛津島防人日記（おきつしまさきもり）』として書き残しています。

それらによると、藩政時代には島守として足軽三人と水主（かこ）・役夫などからなる警備の人たちを五十日交替で島に派遣しており、青柳種信もその一員として渡ったのです。神職でない彼らも海水で水ごりをとるなど、厳重な潔斎をしたこと。島には沖津宮のほかにもたくさんの末社があったこと。祭りの時に供えた神饌は次の祭りまでそのままにして、御飯のカビぐあいによって天皇・将軍以下の運命を占ったこと。島からは草木や土石にいたるまで一切持ち出しは禁じられていたこと。また島では特別な忌み詞を用いていたこと。このようなことがいろいろ記されており、江戸時代にもこの島には神への恐れと信仰が生きていたことがわかります。

先にあげた書物などには、島に「御宝蔵」という岩窟があったことを記しています。ここが祭祀遺物を納めるところとして、学術調査以前にはここだけが祭祀遺物のあるところとして知られており、御金蔵とよばれていました。本殿のすぐ後ろにある自然の洞穴で、近世初期にも立派な金銅製織機が発見された記録があり、現在辺津宮に伝来している金銅製の精巧な織機も御金蔵にあったものといわれます。明治ごろまでは大量の金属製の遺物があったのに、大正時代に屑金として目方で処分されたそうです。その中には大王級の奉納物もあったことでしょうに、何とも惜しいことです。

この御金蔵には、近世までずっと奉納品が寄せられていたということですから、古代の祭祀遺物も立派なものが置かれていたようですが、中世以後に続く信仰との関係でも注目されるものです。

国家神から地方神へ

このように倭の五王の時代以来、大和王権の対外交渉と深いかかわりをもって、大王の祭りの対象となっていた宗像の神ですが、一面では『日本書紀』に「筑紫の胸肩（宗像）君等が祭る神、是なり」とあるように、地方豪族の氏神でありながら、同時に国家的祭祀の対象でもあるという二面性をもっていた。それが古代の宗像神社の特色です。

宗像の国家的祭祀は遣唐使廃止のころまで続くようにいわれますが、実際、祭祀遺跡からみても、平安時代に入るとまもなく、豪華な遺物は消えてしまいます。しかし、文献の方からみますと、『続日本紀』には宗像大社に対する奉幣・祈願などの祭祀関係の記事がまったくみられないのです。ですから、八世紀に入り遣唐使の航路が北路から南路に変わるようになると、使節の船は沖ノ島の近くを通らなくなるので、そのころから中央政権の宗像大社にたいする信仰が変わり、その地位が著しく低下するのではないか、と私は考えています。

律令時代にも宗像大社は特別な扱いをうけ、全国でも伊勢神宮を含めて七社にだけしかない神領の「神郡」に、宗像郡が定められていましたし、宗像郡大領が神主を兼ねるという出雲大社や紀伊の日前・國懸神社と並ぶ特権をもっていました。しかしそれらの特権も、都が平安京に移る延暦のころになると制限されるようになり、神主の任期を定めたり、大領の神主兼帯を禁ずるようになります。

このように古代の宗像大社は、筑前の地方豪族の祭る氏神が、外交・軍事の必要から航海守護神として国家的祭祀の対象とされるようになり、対外交渉の衰退とともに地方的な神社にもどっていくという変遷をたどります。この過程の中に古代国家との特殊な関係がうかがわれるように思います。

朝廷の保護から離れた宗像大社は、それ以後もけっして衰えるわけではありません。中世には大宮司の宗像氏が武士団の棟梁として九州北部に勢威をはりますし、博多の貿易商人たちの信仰もあつめて繁栄を続けたのです。

二　大和王権の航海神――住吉大社

大和王権の一機関

住吉大社は、本来は住吉神社といいましたが、今は「大社」というのが正式な名前です。宗像の場合でも同様です。現在の神社の名称というのはどの神社もそうですが、第二次大戦後、宗教法人として登録するさいに付けた名前が正式名称になるのです。

さてこの住吉大社も、王権・国家と結びついた航海神ですが、これまで述べました宗像大社の場合とはちょっとちがうのです。宗像の神の場合は外征あるいは航海の守護神ということで、国家と非常に結びついてはいたけれども、やはり基本的には北九州の豪族、宗像氏の氏神としての性格は、中世末に宗像氏が断絶するまで続いていました。

ところが王権とのかかわり合いが非常に強い神社の中には、特定氏族の氏神でないものがいくつかあります。その最高のものは伊勢神宮です。伊勢神宮はほかの神社と違って朝廷の最高の神であるということ、天皇の守護神ではあるけれども、地方豪族が彼らの氏神として祭るものではない。伊勢神宮の神主である荒木田、度会氏は、別に彼らの独自の氏神を持っている。住吉の場合も同様で、住吉の神主は津守連(つもりむらじ)ですが、津守氏というのは今も境内にある大海(だいかい)神社という氏神を祭っておりまして、朝廷の伴(とものみやつこ)造として住吉大社に奉仕している。つまり、特定氏族の氏神ではなく、王権に直接むすびついている神なのです。

こういう国家のひとつの機関としての神社が、古代にはいくつか見られるのです。

住吉の場合は難波津（なにわづ）の守りとして祭られている。また石上（いそのかみ）神宮は一般には物部氏の氏神といわれていますが、そうでないことは別の章で申します。関東の香取、鹿島も同様に、東国統治のための機能をもつ社です。これらは王権の政治組織の中に組み込まれ、古代国家のひとつの機関としての役割をしています。これらの中でも、鹿島、香取の香取の方は豪族氏神的な傾向もありますのでちょっとちがいますが、伊勢、鹿島、住吉、石上がとくにそういう性格を強くもっていたといえます。

これらの神社が持ったのは軍事・外交の機能です。伊勢神宮はもっと上にあって大王の地位に直結する神格ですけれども、伊勢神宮以外は軍事・外交などを分担します。そして祭祀をするのはだいたい伴造であり、そしてこの氏族の氏神は別にあるのが普通です。宗像の場合は国家神的な性格は持っていたが、基本的には地方豪族の守護神ですから、完全な国家機関としての機能を持った神社とはいえない

住吉大社本殿

わけです。

記紀にあらわれる住吉神

さて住吉大社の由来ですが、住吉の神はほかの神社と違って『古事記』にも『日本書紀』にも、出現の神話が二回語られているのです。一回目はイザナキが黄泉（よみ）の国へイザナミを訪ねていって逃げ帰り、死の世界で穢（けが）れた体を清めるため「筑紫の日向（ひむか）の橘（たちばな）の小門（をど）の阿波岐原（あはきはら）」で禊（みそぎ）をする。この「阿波岐原」という場所を、実在する九州のどこかの地名と考える人も少なくありません。しかしこれは特定のところと考えるべきものではないと私は思います。日向というのは太陽に向かうということからいい名前なので、各地にそういう名の神社があるし、物語などによく出て来ます。太陽信仰、伝承などとも関係あります。また、タチバナは祭祀につきものの香りの高い神聖な植物で、神社によく植わっています。「阿波岐」というのも植物で、草のようなものらしい。

そういう水辺の聖地としての表現である日向の橘の小門の阿波岐原へ来られて禊祓（みそぎはら）えをされたという。その時、禊ぎのため身につけている衣（御衣）を投げ、ズボン（御褌）などを投げ捨てると、そのたびに次ぎ次ぎに神々が出現する。そして体をすぐ時に出現する神が阿曇氏の先祖のワタツミの神が三柱と、住吉の神三柱が出現する。

ここで海の神格が重なって出てくることに問題があると思うのですけれども、住吉神は海の神と一緒に出現するのです。とにかくイザナキの禊ぎの時に、海の神と住吉の神が一緒に出現したと語られることは注目されます。どちらも海洋神として共通する性格をもっていたと考えられていたのでしょう。

さて、記紀の神代巻に出てくる高天原系の神々は、朝廷にとって特別な神であり、神武よりあとの巻に出てくる神々とははっきり区別されている。つまり神代巻に現れる神、とくに天つ神はランクが上とされていたようです。住吉神は神代巻に、その誕生が位置づけられているところに大きな意味があると考えます。

さて、つぎに記紀に住吉神が現れるのは、神功皇后のところです。神功皇后の夫の仲哀天皇が九州のクマソを平定するために神に祈る時、皇后に神がかりして新羅を討てばクマソも平らぐであろうと神託があるけれども、天皇はそのような国の存在すら信じない。神罰によって天皇はたちどころに死んでしまいます。改めて神功皇后と武内宿禰が神託を乞うと、再び同じ神が皇后に神がかりして、同様のことを告げます。そしてその神が住吉神であると名のり、神功皇后の新羅遠征を助けることになります。

この時、皇后に憑り移った神の名は、『日本書紀』では三座の神で、その最後に名を現すのが住吉の三柱の神ということになっていますが、『古事記』では住吉神社だけということで、こちらの方がすっきりしており、古い形と思われます。

イザナキの禊ぎの時に海神ワタツミと一緒に出現するという話は、住吉神が国家的な神であるために、イザナキの子として高天原に位置づけるため、あとから手を加えたものではないかと思います。

大和王権にかかわりの深い神々は、ほとんどが崇神・垂仁の段に祭られる話がありますところが住吉神はそこには姿を見せないで、神功皇后の段に物語がある。それはこの神の由来の物語が、神功＝オキナガタラシヒメの新羅遠征の物語と不可分であったからでしょう。この神は後述するように大和王権の外征や対外交渉の神なのです。神功皇后が実在の人物でないことはいうまでもありませんが、オキナガタラシヒメ伝承の本来の姿は、住吉神の出現神話の中で活躍する従軍巫女であったのでしょう。

住吉の祭神はどういう神か

住吉大社にお詣りすると、本殿が四つ並んでいるのがまず目につくと思います。変わった社殿の配置からも知られますように、四つの本殿に四座の主祭神が祭られています。このうち、第一〜第三本殿の祭神をまとめて住吉大神とよびます。第四殿の祭神は神功皇后ということになっていますが、これについてはまたあとでふれることにします。

さて、「住吉」は古代ではスミノエといいました。水が澄んできれいな入り江だったのでスミノエの地名ができ、その土地の神さまだったのです。スミノエに好字二字をあてるということで「住吉」の文字を当てたのでしょう。吉の文字は古くはエと読んだのです。だから古くはスミノエの大神だったわけです。『古事記』では「墨江」の字をあてています。

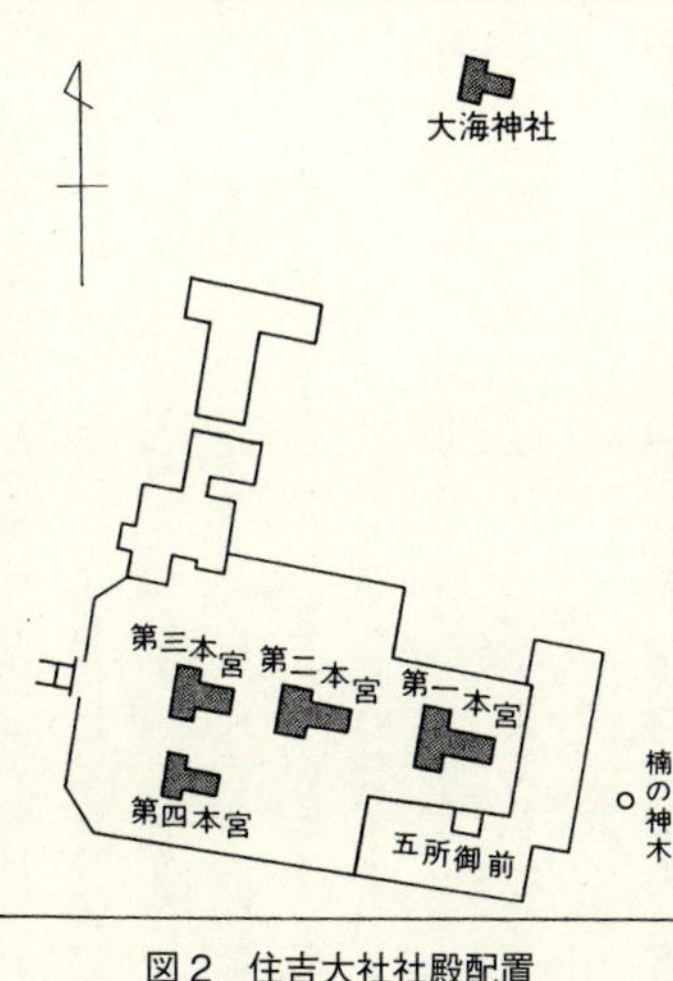

図2　住吉大社社殿配置

「吉」の字の読みがエからヨシに変化したために地名や神名が変わる例は、ほかにも日吉があります。比叡山延暦寺の鎮守神であった日吉大社の場合も、山の名がヒエ、『古事記』にも「日枝」とあるように、ヒエの神だったことは明らかです。ところが平安時代に入ってしばらくすると、吉の読みがエからヨシになる。それで神社も住ヨシ・日ヨシに変わってしまいます。それがいつごろからかというと、ヨシとよむ例は『古今集』が一番古いようです。

さて、そこで住吉大神とはどういう神かということになります。住吉大神というのは、先にもふれましたように、三座の神々の総称とされます。三柱の神の名は、底筒(そこつつ)之男(のお)・中筒之男・表(うわ)筒之男とされています。底・中・表というのは、これまでも説かれているように、海水の上層・底層などを現しているのでしょう。

問題は、ツツノヲという神名の意味ということになります。筒という文字であらわされていますが、とくにこのツツの解釈をめぐって、いろいろな議論が出されています。

明治時代の歴史地理学者で『大日本地名辞書』という本を編纂した吉田東伍(とうご)という人は、ツツというのは「星」のことだろうといっています。夜、航海する時は星座が目標になる。それで航海神として星を祭ったのであろうと。では星のことをツツということがあるかというと、夕方出る宵の明星のことを昔は「ゆふつづ」（長庚、夕星）といったのです。「ゆふつづも通ふ天路を」と万葉にもうたわれている。ところが国語学の方では「夕ツヅ」であって「ツツ」ではないといいます。また単独に「ツツ」だけで星を意味する用例もありません。この点が一番の難点です。

そのほかに船の守護神として船の帆柱の中に船主の奥さんや娘さんの髪の毛や人形・銭などを入れます。これを船玉様とよびます。ところによってネズミの糞を入れるところもあるようですが、これを帆柱に穴を開けて入れたり、あるいは竹筒の中に密封して、帆柱にくりつけたりする。その船玉様の容器の「筒」が筒之男の筒であろうという説もあります。

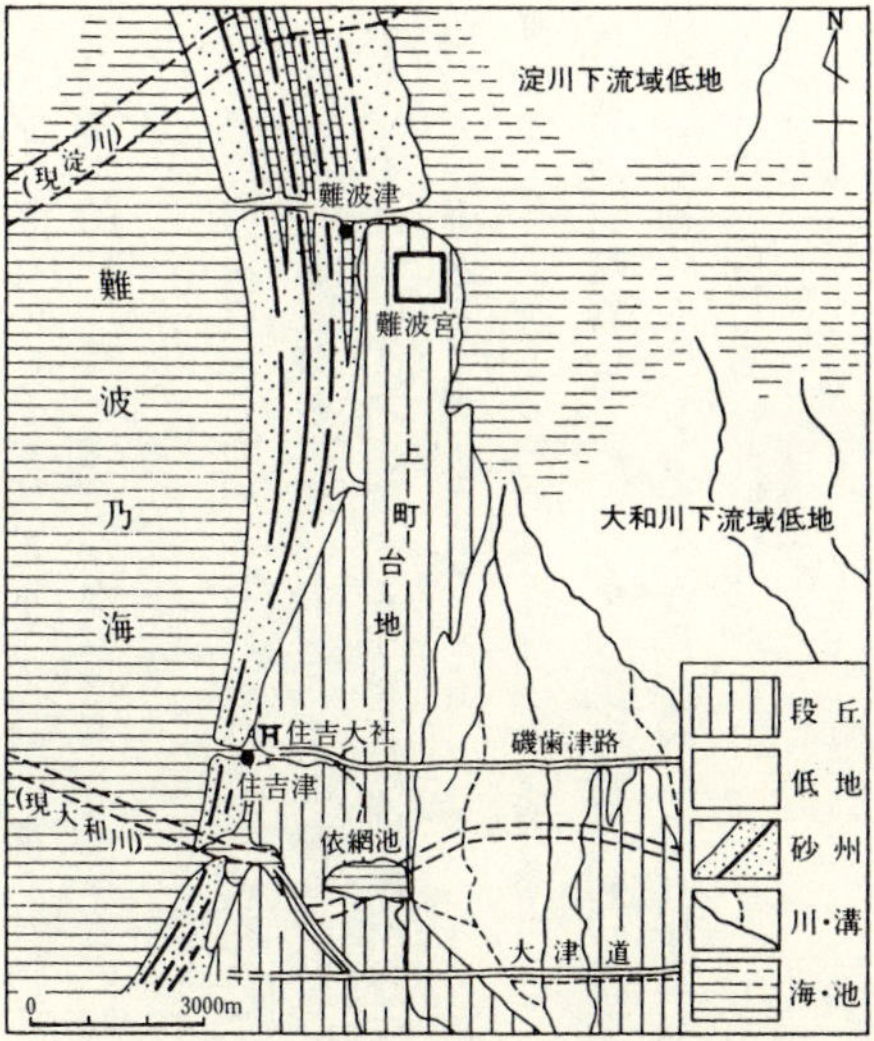

図３　難波津・住吉津周辺（日下雅義氏による）

ところがまた、ツツで一つの語とみるべきではなく、上のツは助辞と見て、底ツ津之男と解して考えるべきだろうという人もあります。二番目のツは津で港津の意味だというのです。戦前の国語学者の山田孝雄（よしお）先生が早く提唱され、国文学者の青木紀元（きげん）さんも同じ主張をされています。青木さんの「地名と神名」という論文の中で、神名というものは基本的にはほとんどが地名である。住吉の底筒之男等も「津之男」であり、難波津の神として解釈すべきである。といっておられます。私もこの説が、住吉大社の性格と地理的環境からいっても、一番よい説だと思います。

住吉大社は難波の主要部のある上町台地のいわば根元をおさえる位置にあって、しかもすぐ近くに住之江津があり、北には難波の三津（みつ）があります。難波津よりも住之江津の方が港として古く発展したらしいという、日下雅義氏や吉田晶（あきら）氏などの説があります。住吉神も、初めは住之江の津の港の神であったものが、大和王権の外港としての難波の発展にともなって、上町台地周辺の港津——広い意味での難波津全体の守護神へと神の性格もまた発展したものでありましょう。まさに〝津之男〟という神名がズバリ表現している神格です。

海外遠征の神

そういう港の地主神・守護神が住吉神の本質であったと考えると、この神の性格やその後の発展も理解しやすいだろうと思います。

大和王権の対外関係ということでは、五世紀の倭の五王の時代から、しきりに海外への遠征軍を出したり、また朝鮮諸国や中国南朝への使節派遣をくりかえすようになります。その時にそういう海外へ派遣される公的な航海活動の守護神が必要となる。古代では、すべての行為に呪術を伴ったことはたびたび申したことですけれども、航海の場合にも操船・気象といった技術面だけでなく、航海の安全を保障するための呪術や神の加護が欠かせなかったのです。『魏志倭人伝』に、倭人の帯方郡を訪れる使者の船には、持衰（じさい）という体も洗わず髪・鬚も切らずに物忌精進を続ける男を乗せていたことを記しています。これも渡航にともなった呪術のうち、たまたま中国人の目に留まったものが記録されたのでしょう。

倭の五王の時代からの大陸への公的な航海には、やがて住吉神が祭られるようになったものと思います。記紀の神功皇后の物語にみえる住吉神が軍船を守護して海を渡るという話も、そのような慣行を反映したものと思います。ですから住吉の神は村落の神々とはまったく性質がちがう。大和王権の外港としての広い意味での難波津の守り神から、王権の軍事・外交にかかわる航海守護神に発展していったものなのです。

難波の一角にある住吉の社が、民衆の信仰とはまったく性質を異にすることをうかがわせる何よりの資料は、その社殿の形態です。建築史の方では住吉造とよばれる、妻入りの前後二室からなる様式です。神社建築としても珍しいものです。この本殿の変わった形式は、平面の形が大嘗宮の正殿と一致するということが、建築史の福山敏男氏によって指摘されています。

大嘗宮は天皇の即位儀の翌年に挙行される大嘗祭の、祭場の中心となる建物です。草葺の仮建築ですが、ここに天皇が入って神事を行います。大嘗宮と住吉造が直接関係するのではなく、古代の大和王権の宮殿、つまり大王の住居がこれらと共通するものであった、その宮殿の様式が住吉造と大嘗宮の両方に影響したものと考えた方がよいでしょう。畿内で発生した古い神社建築で、宮殿や住居の様式をとるものは住吉造だけなのです。

大王の住まいの様式が神殿に取り入れられている。そのことだけでも、住吉の社が大和王権と深い結びつきをもった特別な存在であったことが知られると思います。民衆の中で育った村落の神々とはまったく異質な社なのです。前に見た九州の宗像大社が、王権祭祀の対象となっても、一面では地方豪族宗像氏の氏神であり続けたこととは大きなちがいがあります。

そこで王権と住吉大社の関係をたどるために、この神社に伝来する古縁起の巻物を見ることにしましょう。

『住吉大社神代記』

住吉大社の古文書の中に『住吉大社神代記』というものがあります。『住吉神代記』とか『住吉社記』ともいいますが、正式の名前は「住吉大社司解（げ）」といいます。これは住吉大社の古い縁起として貴重なものとなっています。あとでもふれるように、成立年代には問題があるのですが、古代の住吉大社を考える上でとても大切な資料ですので、この書物のことに少しふれることにします。ちょっとみなさんの眼にふれることの少ないものですから、原文の一部を掲げることとします。原本は非常に長い巻物ですが、ここにあげるのは冒頭のほんの一部分です。

座摂津職住吉大社司解　申言神代記事

合

従三位住吉大明神大社神代記

住吉現神大神顕座神縁記

座玉野国淳名椋長玉出峡墨江御峡大神

今謂住吉郡神戸郷墨江住吉大神

御神殿四宮

第一宮表筒男

第二宮中筒男

第三宮底筒男

右三前令三軍大明神 亦御名向匱男聞襲大歴五御魂 遠挟『狭』勝尊又速逆勝尊

第四宮 姫神宮　御名気息帯長足姫皇后宮 奉斎祀神主津守宿禰氏人者、元手搓見足尼後

神戸二百十四烟 当国四十烟播磨国八十二烟長門国九十五烟 □（七）□烟

斎垣内四至 限東□道　限南墨江 限西海棹及限　限北住道郷

凡大神宮所在九箇処

当国住吉大社四前　西成郡座摩社 二前　菟原郡社 三前

播磨国賀茂郡住吉酒見社 三前 戸三烟

長門国豊浦郡住吉忌宮 一前

筑前国那珂郡住吉社 三前

紀伊国伊都郡丹生川上天手力男意気続々流住吉大神

大唐国一処　住吉大神社三前

新羅国一処　住吉荒魂三前

（中略）

神財流代長財

神世草薙剣一柄在駿、日月五星、左青龍、右白虎、前朱雀、後玄武

形俾文彫著也長三尺、金銀螺鈿上作、納唐錦袋、

唐鏡一尺四面　白銅鏡八面八寸　鉄鏡八面八寸　納黒漆筥

浜鉄小刀納犀角鞘　大刀四十柄　弓胡録四十具、各納油絹袋、

（後略）

（『平安遺文』第十巻による）

『住吉大社神代記』は誰にも一切見せぬ秘宝とされてきたものですが、明治以後になって初めて学界に紹介されるようになったものです。

ごらんになってもわかるように、まず、住吉神社の総本社としての摂津の住吉大社の所在を四つの本殿ごとの祭神名・神領・神戸・有力な地方の分社が記され、ここでは省略した（中略）の部分に住吉神と関係の深い部類神や、「子神」として摂神・末社に相当する神名が並びます。そのあとにここにあげた「神財流代長財」という神宝

類の目録や、「神殿装束」という調度品目録があります。

その次に祭神出現の由来として、記紀の文章をそっくり借用したイザナギ神禊ぎの段、神宮皇后に託宣する段が続き、さらに神領関係の記述や伝承が続く、とても長いものです。これらの中には、ほかにはみられないような古い伝承の断片らしいものも含まれていて、なかなか興味深いものがあります。神領には山林や塩浜なども含まれていて、四方の境界なども詳しく書きこまれているので、その点からも面白いことがあります。

この書物は第一本殿の奥に、長櫃（ながびつ）に入れて大切に保存されてきたものです。江戸時代には学者が頼んでもどうしても見せてもらえなかったという記述がありますし、完全に門外不出の扱いで、ご神体に準ずるような形で大事に伝えられてきたものです。そこで明治以後この本が学界に知られるようになると、古代の書物として学者の注目をあつめます。

ことにこの本の巻末に「天平三年七月五日」という日付があるので、この点にも早くから関心が寄せられ、戦前にも天平の作ということには疑問とする声もあったのですが、本格的な検討や論争は戦後のことです。この「天平三年」という日付が信用できるかどうかは意見の分かれるところですが、八世紀——奈良時代のものとしては文章や用字におかしな点がたくさんあって、平安時代前期ごろの偽作とみるのが定説です。

文化勲章を受けられた坂本太郎先生は、八七九（元慶三）年以後の造作であろうとされました。元慶三年というのは、住吉大社神主の津守公守が「神財」つまり神社伝来の財宝を自ら横領し、また盗まれたりして、その多くを失った。それで津守公守は神主を解任され、神社にたいしても「神財帳」を作るようこの年に太政官（だじょうかん）からきびしい命令が出ます。坂本先生はこの事件と「神代記」の作成との関連を想定しておられます。

『住吉大社神代記』の分社記事

このような成立の背景を意識した上で読めば、『住吉大社神代記』も偽作とはいえ、それなりに利用できると思います。

この本を見ても、たとえ平安時代の問題の多い本にせよ、住吉神の出現については記紀とまったく同じ伝承しかのせていないこと、神功皇后と神社の関係が強調されていること、などが目につきます。そして住吉大神の霊験談は神功皇后の遠征と不可分であったことがわかります。ですからこの書物の中にも、平安時代のものとはいえ、大和王権の対外活動と住吉大社との古い関係がうかがえるようです。

そこで『住吉大社神代記』（「住吉大社司解」）の引用を見ていただきます。まず最初に記されているのは、住吉の総本社である摂津国住吉郡の社のことが書かれています。「玉野国淳名椋……」というのは『日本書紀』に記す、鎮座地として託宣にみえる地名で古いよび名です。ただし玉野国というのはこの本だけで『書紀』には「大津」とあります。そしてそこに「御神殿四宮」があるというのは、今も並ぶ四つの本殿のことです。そして第三宮までの住吉の三神について「右三前は三軍に令(のりご)ちたまふ大明神」と注記していることも、外征にかかわる軍事神として、平安時代に入っても強く意識されていたことをうかがわせます。

つぎに神戸の記載があり、そのつぎに「斎垣内(いみがきうち)の四至」が書かれております。東は□□道とあってどこの道かよくわかりませんが、南は墨江を限る、北は住道郷を限る。そして西は「海棹(うみさを)の及ぶ限り」、船の棹の及ぶ限りですから海の上は全部この神様の領地だと、大変な主張をしたものです。

そして「凡(おほよ)そ大神の宮、九箇処に所在り」として、当国（摂津国）では住吉大社（四前）、西成郡・座摩社（二前）と菟原郡の社（三前）をあげています。座摩神社が住吉の勢力下に当時あったのかどうかは検討を要しますが、菟原郡の社というのは現在の神戸市東灘区の住吉神社のことです。播磨国賀茂郡の住吉酒見社というのは、現在の加西市北条に酒見寺と並んで立つ住吉神社のことです。長門国の住吉忌宮(いみのみや)神社というのは、下関市一の宮住吉の住吉神社と下関市長府宮の内町の忌宮神社のいずれかをさすのか、あるいは両方で一体として機能していたのかと思います。筑前国の住吉社は今も福岡市博多区住吉にある神社です。紀伊国の長い名の神社は相当するものがなくわかりません。高野山の丹生都比売明神を意識して創作した神名のように思います。

そのつぎに「大唐国一処」と「新羅国一処」の分社を記しているのは問題です。もちろん平安時代にそのようなものがあったとは考えられません。それ以前の古い時代だって、外国に住吉神社が祭られた証拠などありません。これは事実ではない。しかし古代の住吉信仰と神社側の意識ということでは興味のある記事です。

私はこれをこう考えます。一つは実際に、対外交渉の使節の船に遣唐神主とか主神司などの職名で住吉大社の神職が乗船しています。そのような遣外使節船の船中での祭りを、このように目的地の国に分社があるように表現したものであろうと考えます。もう一つは新羅国の社については、『古事記』中巻に神功皇后が新羅の王宮の門に住吉大神の荒御魂(あらみたま)を祭ったという記述があるので、それに合わせてここに書いたものだろうということです。しかし、海外にまで分社が祭られているように縁起に記すところに、王権の対外交渉と密着して発展して来たこの神社の意識がうかがわれます。民衆信仰からかけはなれた、この神社の性格を反映しているといえます。

『住吉大社神代記』にはこのあと、引用には省略した部分には、「部類神」として神社と関係深い神社をあげております。ここにもいろいろ問題はありますが、深入りしないでおきます。

各地の住吉の神を祭る古代の神社の分布をみても、やはりいま見たような国家神としての傾向がうかがえるように思います。『延喜式』の神名帳を見ますと、住吉神社は次の社があげられています。

1　摂津国住吉郡　住吉坐神社四座（名神大）
2　播磨国賀茂郡　住吉神社（小）
3　長門国豊浦郡　住吉坐荒御魂神社三座（名神大）
4　筑前国那珂郡　住吉神社三座（名神大）
5　壱岐島壱岐郡　住吉神社（名神大）
6　対馬島下県郡　住吉神社（名神大）

この式内の住吉神社六社を並べてみますと、面白いことに気づきます。まず2の播磨の社以外は全部、名神大社（みょうじんたいしゃ）になっています。

名神大社というのは、朝廷から祈年祭に幣帛を受ける全国で約三千近い神社のうちでも特定の社が大社とされますが、さらにそのうちで地方でも名のある神々だけを集めて、神祇官で名神祭が行われる。その祭りの対象になる神ということですから、地方の神々の中では朝廷から最高の待遇をうけるものばかりが並んでいることになるわけです。

それからこの名神大社の住吉の神社は、1の摂津の難波から3は関門海峡の今の下関の一角、それから4は博多、5・6の壱岐・対馬とたどってゆきますと、きっちりと難波津から朝鮮に向かう航海の路筋にそっているわけです（もう一社、陸奥国に小社がありますが、蝦夷征討にかかわる社でしょう）。

この二つの点も、民衆信仰の発展で広まった神社としたら考えられないことです。王権と結びついた航海神を、対外航路の要所要所に配置したものなのでしょう。

神主と外交官の家柄

そういう特別な神社の性格は、神主の家柄にも反映しています。住吉大社の神主を古代以来世襲していたのは津守連ですが、この一族はまた外交官も大勢出しているのです。神主と外交官という奇妙なとり合わせが、住吉大社の性格とも関係しているのでしょう。

『日本書紀』斉明五年の条には、遣唐使の副使として、津守連吉祥(きさ)が派遣されたことがみえます。この時の随員の一人だった伊吉連博徳(いきのはかとこ)という人の詳しい日記が、『日本書紀』に引用されています。その日記には大使の船が嵐で遭難したため、津守連吉祥が使節として唐の皇帝、当時は高宗ですが、高宗に謁見して連れて行った蝦夷(えみし)二人を見せたという話がのっています。この時の活躍がもっともはなやかなものです。

『住吉大社神代記』の巻末には、津守連吉祥が唐に渡る前に執筆した「注進」を材料に編集したようになっていますけれど、それは正史に載ったこの高名な人物に仮託したまでで、どうも信用できません。

津守氏で外交官として活動している人は、欽明四年紀にも百済や任那(みまな)で活躍する人物がありますし、皇極元年紀にも津守連大海(おおあま)が高句麗に派遣された記事もありますから、実際にはかなり多くの外交面で活動する人物を出していたのでしょう。

津守氏が外交に活躍するのは、住吉の神が対外航路の守り神ですから、外国へ向かう軍船や外交使節の船に神主として乗り組んでいた、そういう伝統と関係があろうと思います。のちの遣唐使の船にも、〝主神〟という役があって、航海中の安全を祈っていたのです。『住吉大社神代記』や住吉氏の系図の中に、「遣唐神主」などの肩書をもつ津守氏がみえるのは、その主神に相当する役をさすもので、住吉の神主津守氏が任命されていたらしいのです。そういったことで、津守氏は早くから海外の事情に明るかったのでしょう。

住吉大社の神主ではありますが、津守氏の氏社は住吉の神ではない。ちょうど天皇家の氏神である伊勢神宮の神主に荒木田氏や度会氏が任命されているのと同じように、伴造（とものみやつこ）の職掌として、津守氏も住吉大社に奉仕していたものだと思います。その証拠に、津守氏の氏神さんは住吉大社と別の神社があるのです。住吉大社の境内の東の方に本殿からちょっとはなれて、大海神社という摂社があります。『延喜式』にもみえる古社ですが、『延喜式』にはわざわざ「元、津守の氏神と名づく」と注記があるように、ここが津守氏の氏神だったのです。

姫神から神功皇后へ

摂津の住吉大社が、ほかの住吉神社と大きくちがうところは、ほかは古代では祭神が住吉神三座だけなのに、摂津の大社だけは祭神が四座で、四番目の本殿に神功皇后を祭っていることです。住吉神は神功皇后の征韓伝説と関係あるから神功皇后が祭られているということも考えられるのですが、単純にそうはいえないのではないか。と申しますのは、平安時代に出来た『住吉大社神代記』の一節です。

この本は『日本書紀』を参考にして作っているのですから、神功皇后の場面などは『日本書紀』と同じ文章が何カ所もある。にもかかわらず『神代記』の第四宮のところに「姫神ノ宮」と書いてあります。そして姫神宮の祭神はオキナガタラシヒメ皇后宮となっている。では姫神というのは何であるかといいますと、神社に姫神が祭られるという例は少なくありませんが、大阪では東大阪市の枚岡(ひらおか)神社がそうです。枚岡神社では枚岡の大神、中臣氏の祖先神のアメノコヤネとヒメ神を祭っています、この二柱は夫婦神です。

　このことをもうひとつ突っ込んでみますと、このヒメ神というのは、柳田國男先生も説かれていますが、神に奉仕する巫女。その巫女が代々神に奉仕していると、その巫女も神格化してヒメ神とよばれる場合が一般であるということ。そして妃神という解釈をされるように発展する場合が多いのです。そういう例は全国的に見られます。

　そうすると社殿の配列からしてみても、三神が軍船のように一列に並んでいて、神功皇后の第四殿だけがなんで第三殿の横にあるのか。これは三神をお祭りする巫女のお籠(こも)りの建物と考えたらいい。本来の住吉の大神というのは一直線に海に向かっているのに、これはその脇になっている。巫女のお籠りの場所が神格化されて、こういう形になったと考えられます。

それからもうひとつ面白いことがあるのです。「神功皇后、住吉大神と密事あり」と『住吉神代記』の中に書いてあるのです。密事というのは「俗に夫婦の密事を通わすという」とわざわざ注記してある。ということはお妃の神になります。巫女は神様のお嫁さんになるという伝承がほかの神社にも多いのです。

このようにみますと、住吉大社第四宮の神功皇后というのは、はじめからの祭神であったか疑問になります。「姫神宮」と古くいわれていたこと、住吉神との「密事」の伝承、それから社殿の配置。この三つを並べてみますと、ほかの神社のヒメ神と同様に、巫女の神格化したものが本来の姿であり、神功皇后とは関係なかったのではないか、と思われます。

住吉大社の祭神四座というのは古い伝統でしょうが、第四の祭神「姫神」がいつ「神功皇后」に変わるのか。想像をたくましくすることになりますが、住吉大社の縁起を記紀の記述に合わせて大幅に書き換えたのは「住吉大社司解」、つまり『住吉大社神代記』の編集の時です。この時に記紀の伝承を基にして、祭神に神功皇后を加え、祭神名のはっきりしなかった姫神宮の祭神としてしまったのではないか。こう考えれば筋がとおるのではないでしょうか。

貴族の神から庶民の神へ

住吉さんはもともと国家の航海神ですから、おそらく庶民が個人的に祈願することはなかったでしょう。住吉には摂社・末社がたくさんあります。大海神社もそうですが、これらが地元の人たちの氏神さん・鎮守さんであったわけです。ほかの土地でも大きい神社では摂社・末社が地元の鎮守さんになっており、本社はもっと上の身分の人々の信仰対象で、神さまの信仰にも階層の差がありました。

平安時代も中ごろになりますと、海外への遣使もなくなる。そうしますと、熊野詣(もう)での道筋にあたる摂津の住吉は、風光明媚の地であったので、貴族たちや文人墨客が来遊し歌枕となって、いつしか紀伊・和歌浦の玉津島明神とともに和歌の神として尊信されるようになります。住吉の神に願をかけて歌が上手になりますようにと祈る。貴族たちの意識の変化ということですね。

それからの住吉の場合は、古代では国家の航海の神であったものが、江戸時代になると一般の船乗りの安全を祈願するものになっていく。これは現在でも続いています。いまこの神社へ行きますと、廻船問屋が寄進した大きな燈籠がいくつも並んでいます。江戸時代では国家の神ではなくて、個人企業の船乗りの安全祈願という機能を持つようになる。

　もう一つは室町時代からはっきりしてくるのですが、お田植え祭です。中世では朝廷の権威も低下し、経済的にもお上は援助してくれないということになると、地元との結び付きを持たなければならないようになり、農耕神的な性格を持ってきます。近世の河内（かわち）地方は稲作のほかに棉花の栽培が盛んとなり、河内木綿（もめん）とよばれ、特産物になっていました。住吉の田植女は笠に棉の花の黄色い造花をつけます。そういうこともあってお田植え神事は明らかに地域的な農耕神の行事です。

　この農耕神ということから穀物神の性格も帯びてくる。その穀物神ということからとんでもない面白い性格が出てくるのです。「一寸法師」のお話、あれは住吉さんの霊験ＰＲの話だということをご存知ですか。『御伽草子（おとぎぞうし）』に出てくる一寸法師のお爺さんとお婆さんはずいぶん若いのですね。「うば四十に及ぶまで、子のなきことを悲しみ……」と住吉さんに願をたてるのです。そうすると生まれた子どもが非常に小さい。「指にも足りない」一寸法師なのです。

　この一寸法師が穀物神だということは民俗学の人たちが説いています。まずお椀（わん）に乗るでしょう。お椀はご飯を盛るものです。それを舟にして乗り、箸（はし）の櫂（かい）でこいで行く、ということは穀物の神さまの姿なのです。それに非常に小さいというのはスクナビコナもそうですが、米粒、麦粒は小さい。それで穀物の神さまは小さいという考え方をとるのが普通だ、と民俗学の方はいわれます。このように一寸法師というのは穀物神の一つの形態で、それが中世的な形をとって現れたものということです。スクナビコナのような古代の穀物神の伝統が、中世的な物語になると一寸法師になるのです。

そして一寸法師の話はじつは二つの寺社のPRになっています。まず誕生する時が住吉の神に願をかけて生まれて、そして淀川をお椀の舟で遡(さかのぼ)って京都へ行く、「京は三条の大臣殿にかかえられたる一寸法師……」という歌がありますね。そしてお姫様と清水(きよみず)詣でに行き、鬼を退治して清水の観音様の霊験によって一人前の男になる物語です。

室町時代になりますと、いろいろな神仏のPRの説話がたくさん作られます。そういう霊験談の一つとして一寸法師の物語もある。そういうことで室町時代にはもう国家の神ではなくて、民衆の神、穀物の神としての性格がかなり広まっていたのではないでしょうか。住吉の場合も時代による信仰の変化が著しいといえますね。

第5章　王権の軍神〈石上神宮〉

禁足地から現れた霊刀

石上（いそのかみ）神宮は、天理の町の東の丘陵の麓にあって、林にかこまれた参道を西の方から入っていきますと、左手の石段の上に楼門があり、奥に拝殿（国宝）があります。拝殿は神社建築では全国でも数少ない鎌倉時代の建物です。拝殿の御簾（みす）を上げますと向こうに空き地があって、禁足地になっています。

普通、禁足地というと、たとえば大神（おおみわ）神社ですとお山が禁足地になっているのですが、石上の場合は拝殿の背後の一区画が禁足地で、その中央が少し高く土まんじゅうになっていて、ここが信仰の対象になっていました。その土盛りの地下にご神体の刀剣が埋まっているという伝承がずっとありました。

明治政府は神職の世襲を禁止して、新たに幕末の尊王の志士たちや、とくに国学者で活躍した人たちを神職に任命しました。それで石上神宮の場合も明治維新のあと、水戸の国学者で菅政友（すがまさとも）という人が大宮司になりました。菅政友はここに赴任しますと、埋まっているご神体を掘り出したいということで、そのころ宗教関係の事務を管掌した教部省に申請し、許可を得て発掘することになります。

考古学が全然発達していない時代の発掘で、詳しい図面や記録も残っておらず残念なのですが、その時の状況は当時の菅政友の上申書や書簡によれば、三メートル四方ほどの石積みの部屋があって、その中に刀剣やヒスイの勾玉、琴柱（ことじ）形石製品、金銅垂

石上神宮拝殿

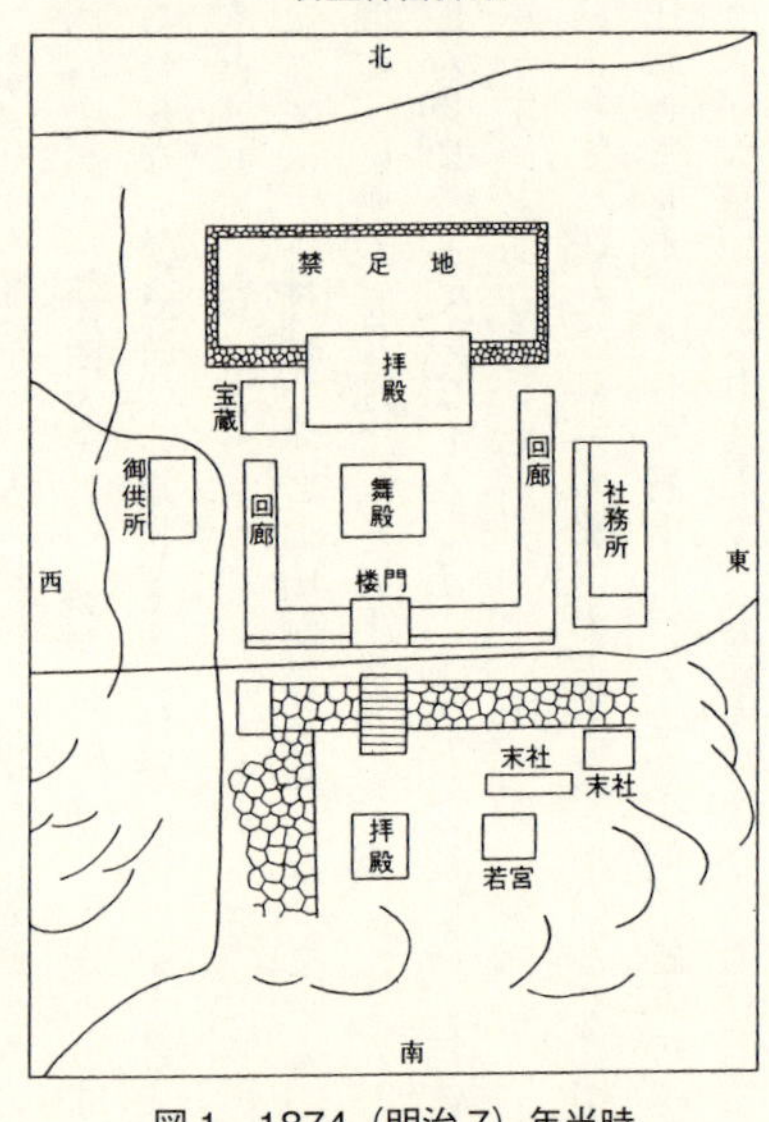

図1　1874（明治7）年当時（石上神宮）社殿配置図
（石上神宮宝物誌より）

飾品、銅鏃らがあり、それを取り出したわけです。鉄刀は一本だけ出てきたのですが、素環頭内反太刀とよばれるもので、これこそがご祭神の石上のフツノミタマ（布都御魂）あるいはフルノミタマ（布留御魂）とよばれた、その霊剣に相違ないということで、伊勢神宮の御舟代を模した立派な丸木をくりぬいた容器を作り、そこに納めてお祭りしました。大事なことはこれらの出土品は、古墳時代前期、だいたい四世紀ごろのものと同じものということです。

禁足地

この禁足地の発掘に続いて、こんどは大正二（一九一三）年には禁足地の後方のくぼ地を埋め立て拡張して本殿をつくってしまいます。本殿がないほうが古い姿でよかったのですが、地下からそういうものを掘り出したから、それを納めるということもあって建てたようです。そしてもと土盛りのあったところは、いま白い砂利を敷いてそこに丸石が一つ置かれています。そして地下にはいまも石積みがあります。もし本格的な発掘をしたらそ

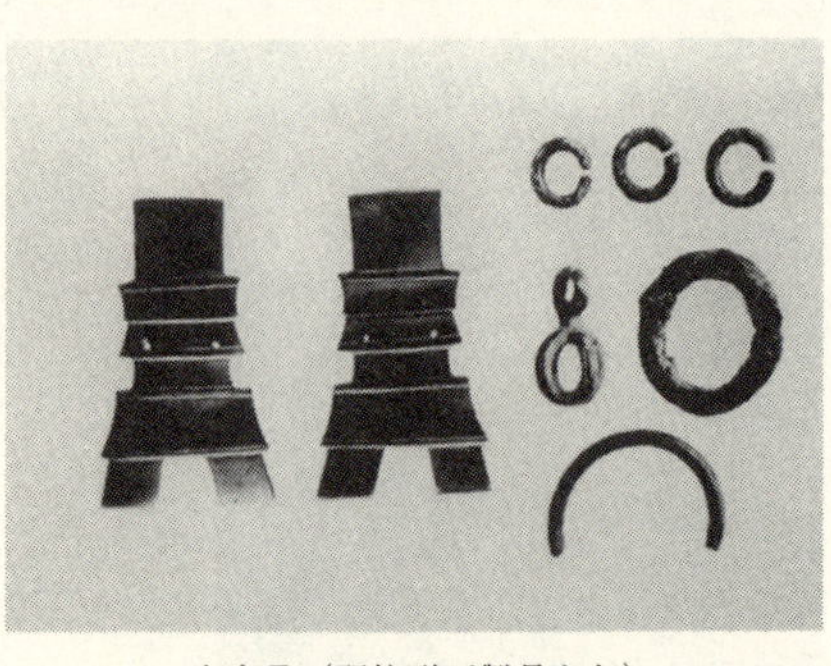

出土品（琴柱形石製品など）

の石積みの形などから年代がわかるかもしれません。また明治の発掘では掘り残した遺物が必ずあると思われます。

　さて、ここで問題なのは鉄刀の性格です。これは一体どういうものなのか。それは何を意味するものかということです。これについては明治時代にはたんにご神体が埋まっていたですまされていたのですけれども、昭和に入って神道考古学の研究が始まりますと、宗像（むなかた）大社の沖ノ島遺跡だとか大神（おおみわ）神社の山の神遺跡などと比較して、おそらく祭祀遺跡の一種であろうということになったのです。けれども、現在では祭祀遺跡としてはちょっとおかしいと考えられています。

　前にお話ししたように祭祀遺物には三通りの残り方があります。お祭りした時に用いた土器などをそのままに放置しておく場合、神様に捧げるために供物を埋める場合、もう一つはお祭りがすんだあと捨てるのを、人目に触れないように穴を掘って埋める場合、こういう三通りの処理法がある。石上の場合は、このどれにも当てはまらないのです。石の部屋をちゃんとつくって神体を埋め、そこが礼拝の対象になっているわけですから。大神神社の場合も禁足地から子持勾玉などが出て来ましたが、お山がご神体ですからそこへ捧げたものを埋めたり、あるいはそこでお祭りしたものをそのまま放棄するか、人目に触れないようにそっと埋めるということがあったのです。伊勢神宮でも二十年に一度神宮の造替えを行いますと、前に納められていた神宝の類は、人目に触れないようにご本社の後ろの森の中のどこかへ埋めていたそうです。石上の場合はこのどれにも当たらないのです。このことについてはあとで申します。

霊剣フツノミタマ

それではこの神社の祭神はどういうものでしょうか。『延喜式』は巻九、十が「神名帳」になっていますが、巻九に大和国山辺郡に十三座あって、トップは大和坐大国魂（やまとにますおおくにたま）神社三座で、これは現在の大和（おおやまと）神社です。次いで石上坐布都御魂（いそのかみにますふつのみたま）神社つまり現在の石上神宮です。そして布都御魂神社は大和神社と同じ名神大社（みょうじんたいしゃ）で、月次（つきなみ）、相嘗（あいなめ）、新嘗（にいなめ）のお祭りに朝廷から特別にお供え物があるという待遇になっています。

書物によっては布都の都が留になっている場合があります。石上の土地は布留（ふる）ですね。石上という土地にお祭りされているフツノミタマというわけですが、祭神はフツノミタマノ大神という名の霊剣だといわれております。神の依り代というのと違って、刀剣が神体で神そのものという興味深い例です。

この剣は、神話では二度活躍するのです。一度はオオクニヌシの国譲りの時にタケミカヅチとフツヌシが活躍しますが、その時に持っていった刀がこのフツノミタマなのです。オオクニヌシの国譲りの話は歴史的事実ではなくて、神話ですから、あの話に象徴されるような地方征服の場合に、このフツノミタマという剣が活躍したということになるのです。

それからもう一度は初代大王、神武天皇の東征の時です。『古事記』によれば、神武天皇が熊野路に進んだときに熊の姿の土地神が出てきて、その毒気に当てられて全軍の兵士が倒れてしまう。その時に天上から見ていたアマテラス大神がそれを救おうと、タケミカヅチを呼んで「お前行け」というと、「私がいかなくても国譲りの時、中津国を平定した時に使った横刀を投下しましょう」と答えて、その刀を地上に投げおろす。するとタカクラジという人の家の倉の屋根を貫いて床に刺さった。タカクラジがそれを神武天皇に献上すると、たちまちに気を失っていた兵士たちが目覚め、熊野を平定できたという話があります。

オオクニヌシの国譲りの話では国土を平定する、そういうシーンを象徴するものであり、神武東征では初代大王の危機を救った、このような王権の大事にかかわる伝承を持つのが、フツノミタマの剣ということになります。フツというのは鋭い剣で鮮やかにスパッと切る状態をいうのだそうです。現在、石上神宮では祭神がこのフツノミタマノ大神ということになっていますが、そうしますと石上のご神体はただものではなくて、大王家にとっても非常に重要な宝物ということになります。神武天皇の東征を助けたし、国譲りの国土平定を行った剣ですから。

石上祭祀の起源

そこで石上神宮はふつう物部氏の氏神だといわれていることに、新たな疑問が出てくるわけです。そういう疑問を持ってみますと、この神社は物部氏が最初からお祭りしていたのではないのです。これは『日本書紀』の「垂仁紀」の話がそうです。『日

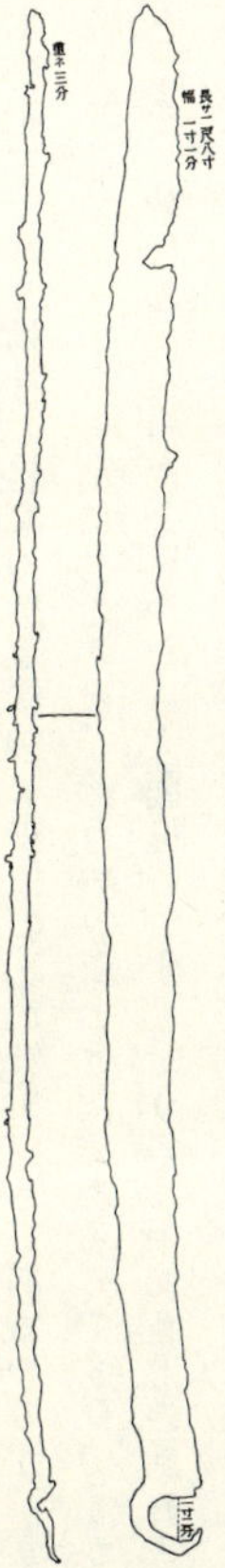

図2　霊剣実測図（石上神宮宝物誌より）

本書紀』では、神社の起源の話は崇神・垂仁の二代に集中してあるのです。崇神という神を崇めるという名前にしたのは、そういうことと関係あるのです。ですからほんとにその時代の出来事だと思ったら大間違いです。そういう中に石上の話も入っているのです。ちょうど伊勢神宮が築かれるのと同じ時期ですね。

三十九年の冬十月に、五十瓊敷命、茅渟の菟砥川上宮に居しまして、剣一千口を作る。因りて其の剣を名けて、川上部と謂ふ。亦の名は裸伴と曰ふ。石上神宮に蔵む。是の後に、五十瓊敷命に命せて、石上神宮の神宝を主らしむ。

茅渟というのが問題なのです。これは大阪府下の和泉の地名です。石上神宮に和泉がかかわってくるのです。ほんとにこれは四世紀ごろかどうかということは問題があるのですけれども、とにかくこういうことがある。その川上宮で剣一千口、つまり剣を一千振も作って石上神宮に納めた。そしてイニシキという王族がその後もひき続いて神宝を管理していたという話です。つづいて、いまの記事についての一書の説です。

一に云はく、五十瓊敷皇子、茅渟の菟砥の河上に居します。鍛名は河上を喚して、大刀一千口を作らしむ。是の時に、楯部・倭文部・神弓削部・神矢作部・大穴磯部・泊橿部・玉作部・神刑部・日置部・大刀佩部、幷せて十箇の品部もて、五十瓊敷皇子に賜ふ。其の一千口の大刀をば、忍坂邑に蔵む。然して後に、忍坂より移して、石上神宮に蔵む。是の時に、神、乞(こは)して言はく、「春日臣(かすがのおみ)の族(やから)、名は市河(いちかは)をして治めしめよ」とのたまふ。因(よ)りて市河に命(みことおほ)せて治めしむ。是、今の物部首(おびとら)が始祖(はじめのおや)なり。

ここでイニシキ皇子に賜わった十の品部というのは主に武器関係の部曲(かきべ)でしょう。倭文(しとり)というのは織物ですが、楯部は楯、弓削(ゆげ)部は弓の製作でしょう。神矢作(かむやはぎ)部は矢をつくる。神刑部(かむおさかべ)というのは刑罰の担当者ですね。戦争で捕われて来たものを刑に処したり、死刑にしたりする時は神刑部がしたのかもしれない。大刀佩部もいうまでもありませんね。わからないのは大穴磯と泊橿と玉作と日置と、この四つわかりませんが、このうちの玉作は戦場でのお祭りと関係するかもしれないと思います。とにかくこういうふうに武器の製造に関するような部曲のことが集中してここに出てくる。

それから物部首を名乗る人が神主さんになるけれども、市河という人は春日臣の一族であって物部連とは系統が違うわけです。

物部氏の神宝管理

さらに、それから何十年もたって、垂仁天皇八十七年の春二月の辛卯(かのとのう)(五日)の条に、五十瓊敷命、妹大中姫に謂りて曰はく、「我は老いたり。神宝を掌ること能はず。今より以後は、必ず汝主れ」といふ。大中姫命辞びて曰さく、「吾は手弱女人なり。何ぞ能く天神庫に登らむ」とまうす。五十瓊敷命の曰はく、「神庫高しと雖も、我能く神庫の為に梯を造てむ。豈庫に登るに煩はむや」といふ。故、諺に曰はく、「天の神庫も樹梯の随に」といふは、此其の縁なり。然して遂に大中姫命、物部十千根大連に授けて治めしむ。故、物部連等、今に至るまでに、石上の神宝を治むるは、是其の縁なり。

イニシキ、この人もずいぶん年をとったのですね。妹オオナカツヒメに語っていうには「わたしは年老いて神宝をつかさどることができなくなった。今後は必ずおまえがつかさどれ」という。するとオオナカツヒメが辞退していうには「私は手弱女です。どうして天の神庫に登ることなんてできましょう」と。登るというのですから天の神庫は相当床の高い建物だったに違いない。そこでイニシキのいうには、「そんなら私がはしごを造ろう。神庫が高いといっても、どうして困ることがあろうか」。こうしてついにオオナカツヒメは、物部のトオチネ大連に治めさせることにした。とこういう話なんです。いまの話では石上神宮には非常に床の高い神庫があって、その庫の中にたくさんの武器が納められていたということです。

それからもう一つ大事なのは皇族が神社のお祭りをしたというのは少ないのですね。その例をあげますと一つは斎王の皇女の仕える伊勢神宮です。それからもう一つは大神神社で、ヤマトトトビモモソヒメが神の妻になって奉仕したという話があるくらいのものです。ですから石上神宮が物部氏のような一氏族の氏神では、こういう王族奉仕の話はできなかったにちがいありません。大王家にとって重要な神社だからこそ、こういう伝承があるわけです。イニシキだとかオホナカツヒメだとか、これがほんとうかどうかはわかりませんが、この伝承は伊勢神宮や大神神社などと類似することが注目されます。

物部氏の奉仕と氏神

それでは石上神宮における物部氏の役割はいったいどういうものであったか。これを考える上で大事なのは、物部氏の氏神は何だったかということです。物部氏の先祖は、天から石の舟に乗って降りたというニギハヤヒだという伝承があります。それは「神武天皇紀」にもちょっと出てきますが、詳しい話は『先代旧事本紀(くじほんぎ)』の中の「天神本紀」という巻に出ております。

『先代旧事本紀』というのはふつう『旧事本紀』と略してよび、記紀を写したところが多く、平安時代に聖徳太子に仮託して作られた偽書とされています。ところが「天神本紀」という部分だけはこの書物の独特の記事で、物部氏が石上神宮に奉仕することが詳しく記されている。それから「国造本紀」として全国の国造について非常に詳しく述べている。これが『先代旧事本紀』の特徴なんです。だからこれは平安時代に出来た偽書だということを前提にすれば研究材料になるということです。

だいたい平安時代のはじめごろに、いろいろな氏族から氏文が提出されます。斎部（忌部）氏が『古語拾遺』を出し、高橋氏が『高橋氏文』というのを作ったり、現在残っておりませんけれども『中臣氏本系帳』というのもあったのです。そのほかいろいろな氏族が本系帳というものを出したことがある。そういう時に、物部氏もこういうものを編纂したと考えれば辻褄が合う。

『旧事本紀』の中でも「天神本紀」など一部分だけが、平安時代になっての物部氏の伝承ということで、これを考えればいい資料になる。その中に物部氏の石上神宮に奉仕のことが書いてあると同時に、大事なことはニギハヤヒが天から下ったことが書いてある。ニギハヤヒというのは天孫のニニギの天下りとは別に天から降っていた神様で、ナガスネヒコの妹ミカシギヤヒメと結婚します。ところがナガスネヒコが神武天皇に背いたので、ナガスネヒコを殺して神武天皇に帰順する。天つ神のしるしだという弓矢をみせると、神武天皇もこれは天津神＝仲間だということになって、その子孫が天皇家に仕えることになる。これが物部氏の守護神だというわけです。このニギハヤヒは磐船で天から河内の山中に降っているのです。大阪府河南町にある磐船大神社や交野市の磐船神社には、そのニギハヤヒの乗った磐船という岩の伝承があります。

そういうわけで物部氏の氏神は天から下ったニギハヤヒということになっています。おそらく本来は祖先ではなく守護神でしょう。そうすると、物部氏は石上神宮のフツノミタマを氏神として祭る必然性はなかった、ということです。しかしもう平安時代から、物部氏の祖神のニギハヤヒを祭っている神社がどうもよくわからなくなってくる。おそらく河内の、生駒のふもとのほかの名前を持っている式内社の中にその可能性があると思われます。物部氏というのは、もともとは大和盆地の氏族ではなくて河内平野の出身の氏族だ、ということが現在明らかになっていますが、そういうことからもいえると思います。

著名な先生方がつくられた古代氏族の分布図では、天皇家の本拠がいまの桜井市、物部氏は石上のあたりになっていますが、私は大和だけでそういうことを考えないで、大和と河内と摂津を含めて考えないと、古代豪族、大和王権の構成氏族というものは説明できないことが多すぎると思います。

物部氏が石上神宮を祭るというのは、ちょうど伊勢神宮において荒木田、度会という氏族が祭祀を司るのと似ています。度会氏は外宮の方を氏神とするらしいと推定できますけれども、内宮は天皇家の氏神で荒木田氏の氏神ではないわけです。もうひとつ似たようなのは住吉大社と津守氏ですね。津守氏の氏神は前にもいいましたように、住吉の境内の北のところにある摂社の大海神社です。また関東の鹿島神宮は中臣氏が朝廷の命令でお祭りしたわけです。ちょうど安曇氏が天皇に食事をつくるのを仕事とし、弓削氏が弓をつくるのを仕事とし、鍛冶部は刀を鍛えるのを仕事としていた、そういうのと同じように、物部氏は軍事と合わせてこの石上神宮の祭祀に奉仕する、こう考えたらいいように思います。ですから伊勢や住吉、鹿島の場合と同じように、物部氏と石上神宮についても氏子と氏神の関係でなく、大和王権における職掌の分担としてここに奉仕していたのです。

延べ十五万人で運ぶ武器

先ほどイニシキの伝承をいいましたが、一千振りの刀を石上に納めるのです。千振りの千は一千ぴったりということでなく、沢山の、ということです。それをどうしてここの神社に納めなければいけないのか、ご神宝としてはちょっと多すぎます。それからまた実際に、ここにたくさんの武器を納めていたと証明するようなことがほかにもあるんです。

石上神宮は都が奈良にある時には奈良から近いからいいのですけれども、都が平安京に移ると遠くなるわけです。この時期になって、石上神宮をいまの京都市の右京区あたりに相当する葛野郡に移そうという計画が、桓武天皇の意志によって起こされました。

桓武天皇は、兄弟たちをつぎつぎ殺して王位につきます。そしてその物の怪に悩まされ続けますが、それで坊さんにその怨霊を鎮めさせるという話がある。その記事に続いて八〇五（延暦二十四）年の二月十日、

造石上神宮使正五位下石川朝臣吉備人ら、功程を支度し、単功一十五万七千余人を申し上げ、太政官これを奏す。勅して曰く「この神宮、他の社に異なる所以はなんぞや」。ある臣奏していはく「多く兵仗を収むるが故なり」と。勅す「何の因縁ありて収むるところの兵器ぞや」。答え奏りていはく「昔より天皇、神宮におはしましてすなはち宿収するところなり。都を去ることやや遠し。非常をつつしむべし」。

この宿収するの〝宿〟というのは、ヤドの意ではなく、以前からずっとの意味で

「宿願を果たす」なんていいますね。「宿痾（しゅくあ）」という言葉もあります。その〝宿〟なのです。だからずうっと昔から歴代天皇が収めてきた兵器ということです。そして都から遠い。それでもし反乱の軍隊でも石上神宮を乗っ取ったら大変なことになりますね。石上には兵仗が多い。兵仗というのは武器という意味です。

そんなわけで、石上神宮を山城国葛野郡に移すわけですが、そうすると理由もなく倉が倒れたり、天皇が病気になったりするのです。その時たまたま奈良の松井坊というところに、流行りの口寄せが住んでいて、その巫女のご託宣では石上神宮を山城国に移した祟りだというのです。それでまた全部、大和の元の場所へ戻したということです。

ここで大事なことは兵仗がたくさん納められていることを、朝廷の正式記録の中でも述べていることと、それが天皇の生命にかかわりあるということ。もうひとつは石上の神宝を山城国に移す運搬にかかった人数が延べ十五万七千人だったということ。一日に一人が働くのを一と勘定しての延べ人員ですね。十五万七千人というと大変な数です。この時代に一つの村がだいたい五十戸（＝一里）です。このころでは本家と分家と合わせた大家族が一戸です。そこから労役にはだいたい二人ずつ出るのが標準でした。そうすると延べ人員十五万人余というと、総人口五、六百万人だった当時としては大がかりな動員であったといえましょう。これは運搬だけではなくて、新しいお社を造営する人数も入っているのでしょうが、とにかく大変な量の武器が収蔵されていたということがわかります。

遠征軍の武器庫

物部氏と大伴氏は両方とも大和王権の軍事氏族ですが、どう違うのか、この違いについて、私はこう考えているのです。

大伴氏の伝承を調べますと、天皇の「醜（しこ）の御楯（みたて）」になるというような伝承が非常に多いんです。御所の固め、帝（みかど）の守りとか、「天皇の辺（へ）にこそ死なめかへりみはせじ」という大伴家持の歌があるように、大伴氏については天皇や御所を守るという伝承がある。ところが物部氏にはそういう伝承がない。物部氏については逆に遠国を征討する時に出かけていった。たとえば九州の筑紫の磐井（いわい）の反乱を平定するのも物部でしょう。伊勢で反乱が起こった時も物部が討っています。そういうふうに物部は遠征する。大伴は御所の周りを固めている。

大王の側近に奉侍することから大伴ということなのでしょう。大がつくのは、たとえば天皇のお住まいは大宮で、天皇のお妃が大后（おおきさき）、宮中で歌われる歌が大歌だし、御所で宴会の食事を作るところが大膳職、そのほか天皇にかかわることで〝大〟のつくところはずいぶんたくさんあります。ですから大というのは大王にかかわることと考えていいですね。大伴は天皇の側近の護衛なのですね。親衛隊長、近衛師団です。それにたいし物部は遠征軍を率いた将軍と考えれば、違いの説明がつくのではないかと思います。

大和王権の遠征軍は、物部氏が直接構成するわけではなくて、兵隊はあちこちの国造の配下から集めるのです。しかしどこそこへ攻めていくという時、急に武器を準備するのは大変だったのです。刀だって矢だって鎧だって規格品がたくさん必要です。騎兵には馬具が必要です。そうしますと、そういう武器をふだんからつくってどこかに保管しておかなければなりません。人間＝兵士はすぐ集められますが、武器はいざというときすぐには作れません。鏃もどっさり、刀もたくさん、そしてそれらをしじゅう油を塗っていつでも使えるように保管しておかなければなりません。それの管理をする役割の人も考えられます。石上にはそういう武器を保管するたくさんの倉があったと考えられます。石上神宮の西側の平地に当たるところ、いま天理教本部の建物がありますが、あのあたりを布留遺跡といっており、古墳から出土するのと同じような刀の柄や鞘や馬の歯など軍事関係のものがずいぶん出てきております。おそらくこのあたりに、武器庫や武器工房がたくさん建っていたのではないかと考えられます。

石上神宮の性格を考えるうえで大事なことは、霊剣を祭るということ。これは大和王権の武力の象徴ですね。フツノミタマが大和王権の武力の象徴ということになります。世の中には、古代のことを現代のような合理的な考え方で割り切って説明する人がずいぶんいますね。そういうことでは困るので、昔の人はなぜ神話を語るか、という昔の人の気分にならなければ古代は理解できないわけです。

近代以前では、呪術＝マジックと技術＝テクニックとは区別できず、両者は同じものと考えられていました。だから武力でもって征服するためにはその裏付けになる神の力がなければならない、そう考えるわけですね。朝廷の正式な医療センターである典薬寮には、お医者さんや薬剤師、あんまと鍼（はり）とか、いまの漢方のスタッフがいたほかに、呪禁師（じゅごんし）というお祈り師、まじないする人が官人の定員として配置されていた。そういうことが当たり前だった時代です。かなり合理化した奈良時代においてもそうですから、それ以前の時代には地方を平定するときには神々を祭らなければならない。

ですからこの神庫に入っているたくさんの太刀を持って遠征にいく場合は、信仰上は石上のフツノミタマの分霊を持っていくことになる。そういうことで考えますとこのつぎの章でお話しします関東の鹿島神宮にもフツノミタマが祭られているということも説明がつくと思います。

神宝献上の意味

このように古代では武力で平定するのと、呪禱で祈り倒そうという行為が一体であったとなれば、征服したら必ずその豪族の持っている神宝を取り上げることが重要になります。これが記紀の伝承の中にも出雲の国造の神宝を持って来たり、アメノヒボコの持っている神宝を取り上げるとかいう形であらわれています。

ところでそういう神宝類をどこへしまったかということです。『日本書紀』の垂仁天皇二十六年の秋八月庚辰（三日）の条に、

天皇、物部十千根大連に勅して曰はく、「屢使者を出雲国に遣して、其の国の神宝を検校へしむと雖も、分明しく申言す者も無し。汝親ら出雲に行りて、検校へ定むべし」とのたまふ。則ち十千根大連、神宝を校へ定めて、分明しく奏言す。仍りて神宝を掌らしむ。

出雲の神宝は物部トオチネが管理した。この物部トオチネという人は同時に垂仁八十七年紀では、石上神宮の神主になっているのです。

それから『釈日本紀』という鎌倉時代に作られた『日本書紀』の注釈書があります。

これにはいい加減な本の引用がないのです。たとえばがみなさんご存知の『丹後国風土記』の浦島の物語のような古風土記の逸文は『釈日本紀』に引用されて現在残っています。そういう素性のいい古書をたくさん引用しているので有名ですが、その巻十、述義六・垂仁というところに、

　天日槍の宝物、みな神府に蔵む。

とある。神府とは神の庫（くら）です。それの注として、『天書』という本の垂仁八十八年の条に、

　詔して新羅の王子天日槍の来り献（もたら）すところの神宝を覧し、石上神宮に蔵めしむ。

という記事が引用されています。天日槍の宝物を天皇がご覧になって、そのあと天日槍の子孫がいるという但馬の出石（いずし）神社へ返さないで、石上神宮に収納させてしまった。こういう地方豪族の宝物をみんな持って来て石上神宮へ入れてしまうのですね。『日本書紀』に景行天皇の項で、周防の豪族やら筑紫の豪族がサカキに鏡などを付けて、天皇の軍に降伏する話があります。あれも神宝です。彼らの持っている守護神の象徴になるような大事なもの、そこに国魂がひそんでいるものと考えていた。それで降伏した豪族には必ず神宝を差し出させるのです。それらを一つのところに集めてフツノミタマの威霊のもとに抑えて収納することによって、天皇が日本中の国魂を押さ

えることになります。武力的な政策と合わせて、そういう呪術的な行為が必要だと考えられたのですね。それが石上の神庫なのです。

以上のように武器庫と神宝の格納庫、二つの役割を石上神宮は持っていたと思います。

ところで石上に納められていた遠征用のたくさんの武器は、その後どうなってしまったのかということです。現在の石上神宮には古いものはあまりないのです。七支刀と鉄盾しか残っていない。これは、珍しいものや宝物類は、おそらく談山(たんざん)神社と興福寺の抗争の時に僧兵が略奪した、あるいは戦国時代には織田信長配下の軍兵の侵入もあった。そういう略奪や盗難によってなくなってしまったのではないか、と思えるのです。あそこには立派な倉があるということで、略奪の対象になったのではないかと思います。

七支刀は百済・新羅の国魂

では七支刀がなぜここにあるのか、というと、幸い、さびのかたまりであまり財宝にはならないので、略奪を免れたのでしょう。現在の刀は菅政友宮司がさびを落とし、磨(と)ぎ出したものです。磨いて銘文を露(あらわ)したのです。

この神宝が国魂の象徴だとしますと、それはどういうことか。七支刀が百済からもとはどういうことで渡って来たかは、いま問題になっています。百済から日本の天皇に献上したのか、それとも下賜したのか、あるいは中国の皇帝の意思が働いていたとか、いろいろな問題がありますが、その四世紀の段階のことは、いまここでは問題にしません。

それから百年以上たった五世紀段階では、倭王は朝鮮半島へたびたび大軍を出して戦うことがありました。五世紀の終わりぐらいからは、実際に新羅の王子や百済の王子が人質で日本へ来ていますね。百済の滅亡の時には国王が死んで、日本にとっていた人質の王弟を王位につけることがありました。そういう時期、少なくとも六、七世紀になりますと、朝鮮諸国側ではどう考えたかということは別にして、日本側では主観的には相手を属国と考えていた。そうしますとそこの国魂も石上神宮に納めなければならないと、当然考えるわけです。そうすると百済から伝来している七支刀を、新羅や百済の国魂のシンボルとして石上神宮に納める。そういう意識もあったのではないかと思うのです。

神庫の終幕

そうしてここに納められた神宝＝国魂の象徴は、のちに地方豪族に全部返還しました。『日本書紀』の天武天皇三年秋八月の条に、

忍壁皇子を石上神宮に遣して、膏油を以て神宝を瑩かしむ。即日に、勅して曰はく、「元来諸家の、神府に貯める宝物、今皆其の子孫に還せ」とのたまふ。

ここでも皇族が管理している証拠になりますね。そして「膏」というのは動物性の油です。それで刀や鏃や槍先を磨くのですね。石上神宮の神庫の方に収めている武器は磨いてピカピカにして、いつでも戦に使える状態にしておきます。そして神庫に収めている神宝は返すというのです。

ではなぜ返すのかというと、これは大化の改新のあと、国造制や県主制が廃止されて中央集権になるでしょう。天智・天武のころに中央集権制度が完成する。もう地方豪族の脅威がなくなり、地方はみな越後守とか但馬守とか、そういう中央から派遣された行政官＝国司が支配するようになって、もうそこの神宝を中央政権でおさえている意味がなくなってしまいます。それで旧来の豪族に返還するということになった。ちょうどタイミングもピッタリとあいます。一応私はそう考えております。

このような石上神宮の国家的性格は、先に見たように平安京に移る桓武天皇のころ

までは続いていたようですが、それ以後は古代国家の変質に伴って大きく変わっていきます。平安時代の『延喜式』では正式の名称もそれまでの石上神宮から石上布都御魂神社に変わり、武神の性格は残しながらも物部首の子孫の布留朝臣の氏神へと変貌していきます。しかし平安末期までは朝廷との関係も続き、白河天皇が宮中の神嘉殿を寄進して拝殿とすることや、上皇の参拝・神階授与などのことが続いています。

それが、鎌倉時代になると国家との関係はうすれてしまいます。中世以降は地域の鎮守神としての性格を強め、名称も布留大明神・岩上大明神などとよばれるようになり、永久寺・石上寺などの神宮寺と結びついた展開を見せるようになります。土地の人々の農耕の祈りを捧げる布留の社は、もう古代の石上神宮とはまったく異質のものに変わっていました。

なお、「石上神宮」という現在の名称は、一八八三（明治十六）年に古代の名称を復活したものであります。

この神社にはもともと本殿はありませんでしたが、現在の本殿は一九一三（大正二）年に禁足地の一角に新設されたものです。

第6章　東国の鎮守〈鹿島・香取神宮〉

北を向く社殿

まず先に「鹿島神宮境内図」を見ていただきたいと思います。ここで気をつけていただきたいのは矢印の北の方位で、ご本殿は北向きになっています。普通の神社は神体山を背景にしている場合は別にして、たいていは南面しています。ところがこの鹿島神宮は北向きなのです。九州では筥崎宮など北向きのお社がいくつかありますけれども、それも玄界灘に向いたお社だけです。ここではこのお社が北向きであるということに注意していただきたいと思います。「北向き」の意味はあとでふれることにします。

西の方から参道をすすみ、東に大鳥居を越えて楼門をくぐっていきますと、すぐ右側にある拝殿に気がつかないで、東神門を通り抜けてはじめて、ここのお宮はどこにあるのですかと聞く人がいるそうですが、古い時代の神社は社殿に突き当たらないのですね。参道は正面をさけてつけられるのが普通なのです。

香取神宮の方でも戦時中にできたという新しい道もありますが、古い参道はやはり楼門の前で直角に曲がるようになっています。神社の森がうっそうと繁って、参道から絶対にご社殿が見えないという、こういうことが古代の信仰のあり方を考える上で大事なのだと思います。伊勢神宮もそうでしょう、参道がぐるぐる回って正殿の前へ行きますね。

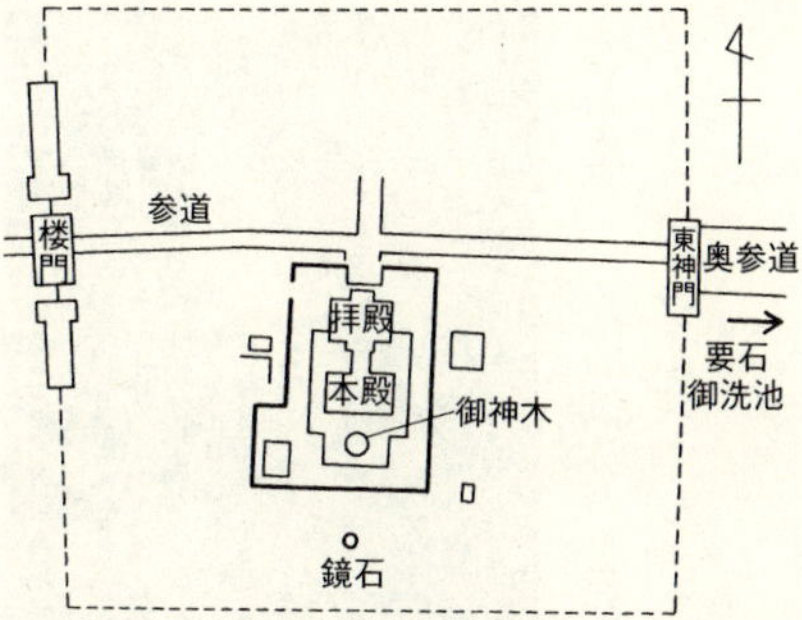

図1　鹿島神宮境内図

それからこの地図の中でご本殿の真裏にご神木があり、そのご神木の背後に鏡石というのがあります。上がつるつるに平らになった円形の小さな石です。

それから奥宮を越えてずうっと東にいきますと、柵が囲ってあってその中に要石（かなめいし）があります。常陸の鹿島神宮の祭祀が、要石でナマズを押さえているおかげで、地震が押さえられるという話は皆さんもお聞きになったと思います。それで、その要石はよほど大きい石だろうと思っていたのですが、初めて見た時は小さなものなので驚きました。神

要石

社で聞きましたら、石の大きさを確かめようと思って周りを掘っても、大磐石が下の方まで続いているので完全には確かめていない。土をかぶって真ん中のへそみたいなところだけが頭を出しているだけですよ、という話でしたが、ここにも古い磐座（いわくら）の信仰が見られます。またほとんど同じような磐座が香取神宮の方にもあります。これは伊勢の内宮と外宮が建物の様式などを同じにしているのと同様に、対になる神社だからでしょう。

鹿島香取使と「神宮」の称号

さて『古事記』『日本書紀』に出てくる神々は、ほとんどが近畿地方の神で、宗像（むなかた）の女神と関東の鹿島神宮に祭られているタケミカヅチぐらいが例外です。なぜ鹿島の祭神が記紀の神話で国譲りなどに重要な働きをするのか。そのことを考える前に両者の朝廷での扱いを見ましょう。

鹿島神宮と香取神宮は二つでセットになった神社と考えていいと思います。その証拠としてはまず朝廷から鹿島・香取神宮に遣わされる使、これは『六国史』『延喜式』にみえ、鎌倉時代まで続いています。この使は両神宮にたいして、毎年二月に同じ人が両方の使を兼ねて任命される。鹿島神宮にたいしての使は鹿島使、香取神宮の使は香取使というのですが、これを略して鹿島香取使とも申します。

この鹿島香取使というのは、地方の神社としては勅使が派遣されるという特別扱いです。こういう勅使が派遣されるところは、地方ではほかには宇佐八幡宮があるだけです。宇佐の場合は毎年ではなく足かけ七年目ごと、干支で半回りになるので十二支一回りの間に二回ずつ出かけるわけです。勅使が遣わされるのは伊勢をはじめ近畿の神社では珍しくありませんが、地方の神社としては特別な扱いを受けているものです。

それから『六国史』の『続日本後紀』ぐらいからあと、この二つの神宮が神階（位）を授けられる記事がたくさんあります。その場合にも鹿島と香取とがセットになって同時に位を授けられている。また春日大社のご祭神は四座並んでいますが、この四座のうち第一座が鹿島のタケミカヅチ、第二座が香取のフツヌシ（イハヒヌシ）で、ここでも両方がセットで扱われている。現在の祭りでも十二年に一度ずつ午年に、鹿島の神幸祭というのが明治から始められるようになりまして、この場合も霞ヶ浦を船

鹿島神宮本殿

香取神宮本殿

で鹿島から香取の方へ、また香取の軍神祭では反対に香取から鹿島の方へいくというようなことがあります。

鹿島神宮と香取神宮の地理的な関係は大まかにいいますと、霞ヶ浦をはさんで南北にあり、両社はずいぶん離れています。離れてセットをなす神社の例としては、伊勢神宮の内宮と外宮、京都の上賀茂神社と下鴨神社などがあります。神社というのは本殿は主神の一つだけしかないと考える人がよくありますけれども、一社だけではなくて、複数のお社で一つの神社を構成していることが珍しくありません。九州の宗像(むなかた)大社の場合も、じつは辺(へ)津(つ)宮、中津(なかつ)宮、沖津(おきつ)宮の三社から成っていて、中津宮は大島、沖津宮は沖ノ島にあり、それぞれが対等のご本殿になっている。それと同じようなことが鹿島と香取でもいえるのです。ただここはご祭神の性格がかなり違う、ということをこれからお話ししようと思います。

この神社が律令国家ではどんな扱いを受けていたか、

これが一つのポイントになるわけですが、先ほども申しましたように、第一に畿内以外の地方の神社で定期的に勅使の派遣があるというところはここのほかにはほとんどないことです。

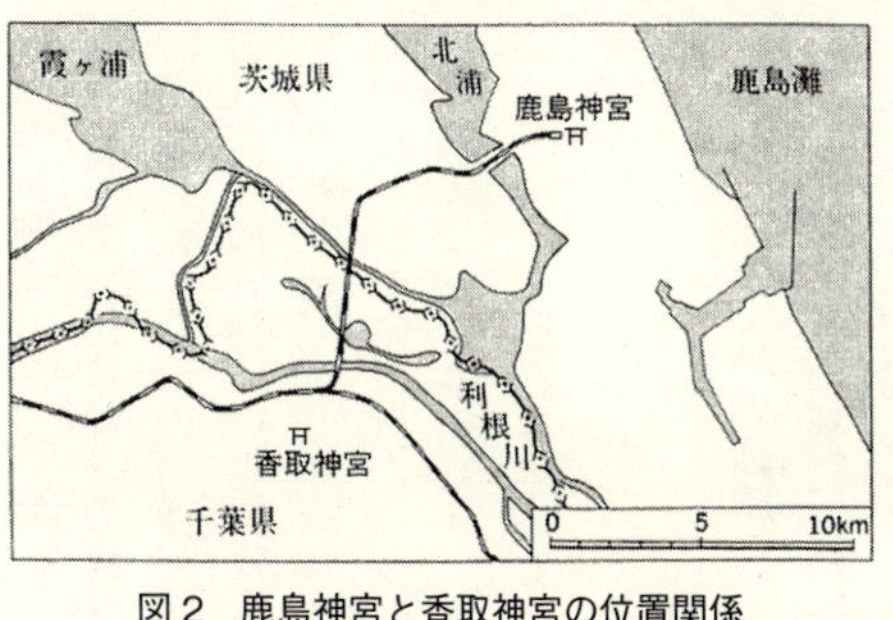

図2　鹿島神宮と香取神宮の位置関係

第二点として「神宮」といっていることです。『延喜式』の神名帳の中で「神宮」というのは伊勢神宮と鹿島・香取神宮だけです。ほかに大和の石上（いそのかみ）は『古事記』『日本書紀』の中では石上神宮とされていますけども、『延喜式』では布都御魂（ふつのみたま）神社と、「神社」になってしまう。これは石上の格が下がったのだと思います。宮というのはだいたい天皇とか皇族とかが住む宮殿の意味でしょう。ただ宮だけというのは宇佐八幡宮と筥崎（はこざき）宮の二つがありますが、神宮といったら伊勢と鹿島・香取だけです。そういうことでも、これらの神社が古代国家にとって非常に重要なところだったことがわかります。

第三点としてあげられることは、神社の特別な領地として神郡をもっていることです。畿外に限って、神郡という地域が特別の神社で置かれました。伊勢神宮の場合は神三郡というように三つの郡です。そのほかには九州の宗像大社が筑前の宗像郡、出雲大社が出雲国造が郡司を兼ねていた意宇郡、紀伊国の日前・國懸神、いまいう日前さんですね。ここが名草郡一円、東の方へいきまして鹿島・香取神宮がそれぞれ常陸国鹿島郡、下総国香取郡を、安房国安房神社が安房郡を神郡としていた。これらの由来は古い。大和王権の時代からの伝統だろうといわれますけれども、律令国家においても、これらの神社には特別な待遇を与えていたことになります。それは軍事上・交通上重要なところにある神社だからというのが定説です。

香島の天の大神の神話

つぎに、この神社には特別の神話が残されているということがあります。『常陸国風土記』では鹿島を香島と書いていますが、のちには、鹿島の神が鹿に乗って大和の春日山へ移ったという神話と結びついて鹿の字に固定します。六四九（大化五）年のこととして那賀の国造の領地と、茨城の国造の領地、南の方は下総の海上の国造の領地から一里を合わせて鹿島郡をつくったと記されています。

官命で編纂したという『常陸国風土記』では、高天原の神々の神集い（かむつど）＝神々の集会によってカシマノアメノ大神の天下りが決定された、ということが出ています。この天から降って来たということは、ただ事でないのです。神というとなんでも高天原というふうに普通考えられますが、実はそうではないのですね。『古事記』『日本書紀』では、高天原には天皇家と中央豪族の祭る神の一部だけ、中央豪族でも大伴氏や中臣氏など伴造（とものみやつこ）の系統だけで、高天原に他の中央豪族の氏神の籍はない。物部氏の先祖のニギハヤヒは天から別に天下りするということがありますが、あとは、宗像などの特別な場合だけです。

『風土記』を見ますと、『出雲国風土記』には天（あめ）より下るということがたくさんありますけれども、ただ天であって、「高天原」ということばは書かれていない。『風土記』には高天原から降ったという話は二つだけで、一つは『常陸国風土記』のカシマノアメノ大神、もう一つは『日向国風土記』にある天孫ニニギの降臨です。この他には一切、高天原ということばを使わないのは、やはり神々の原籍を重視する、つまり天つ神と国つ神の区別が、かっちりと古代の神話観の中で出来ていたからだと思います。

そういう中で、カシマノアメノ大神が高天原の神集いの決定によって降された、ということが重要なのです。カシマノアメノ大神というとタケミカヅチですから、出雲神話で活躍する神です。出雲の国譲りの時にタケミカヅチは香取神のフツヌシのお伴をして下ったという神話と対応するわけなのです。ところで出雲に下って出雲を平定したはずのタケミカヅチを祭る古社は、不思議なことに北陸から山陰にかけては一つもないのです。どうもタケミカヅチの物語は、最初は関東へ下って平定する方が古い神話だったらしい。それがあとで出雲神話が作られたときに、タケミカヅチの降りる先が出雲へ変えられたのではないかと思います。

また香島（鹿島）の神が現れたのは崇神天皇の御代だ、ということが『常陸国風土記』に出ています。この時、香島の神が大和の大坂山に白い衣に白桙の杖をもって降ってご託宣があった。そしてその神を関東の地に祭って、たくさんのものを奉納したというのです。太刀を十振り、矛を二本、鉄の弓が二張り、鉄の矢が二そろえ、それから許呂、これはわからない。それから錬鉄、これは古墳から出てくる鉄鋌みたいなものではないかと考古学の人は考えます。それから馬、鞍、八咫鏡、五色の絹、そんなにたくさんのものを奉納している。先にも述べたように、崇神朝というのは記紀では神社の創始をここに集中して語っているので、これは事実ではありません。

さらに注目されるのは、ここに神宮を造営したのは天智天皇だと書いてある。そうすると、それまではお祭りしていても、ちゃんとした社殿がなかったことになりますね。このように社殿がずいぶんあとに出来るという伝説のある例は、ほかにもたくさんあります。

鹿島の社殿の東の方角には海があります。元は霊石だけがあって海に向かって拝む形だったのかも知れません。鹿島神宮は広い台地の上にあって、境内は原生林になっており、いまは天然記念物になっていますが、この森そのものが聖地で、その中に不思議な鏡のように平たい鏡石があったり、大地に広く根を張って、ちょこっと頭を出しているだけの要石（かなめいし）があったり、湧泉の池があったり、そういう原始信仰的なものを崇拝対象とした祭場が古くからあって、そして天智朝のころに、はじめて社殿が創建されて神社の形を整えたのかもしれないと思います。

普通だったら神社の起源伝承など、古いところへ古いところへと持っていくはずです。天智天皇の時というのは、『風土記』の時代まで百年たつか、たたないかです。だからそれほどでたらめは書いていないと思います。ただしカシマノアメノ大神の出現が崇神天皇の時にあった、というのは信用できない。ただ昔の天皇ということだけであって、具体的に名を挙げた崇神天皇というのはあてにならない。記紀の崇神・垂仁朝に神社起源伝承の集中する意味は、前にも申しました。これと大化の改新のあとの天智天皇の時に社殿をつくったというのとは、ちょっとわけが違うということです。もうひとつ『常陸国風土記』には舟をつくって納める話があります。この神には舟を奉納する慣例がある神様なのですね。

昔、鹿島の神から舟を奉納しろというご託宣があったので造って納めた。そして夜が明けると「海の中に置きつ」と神が託宣したので、見ると舟は岡の上にあった。つぎに「岡の上に置きつ」というので見ると、今度は海の中にあった。こういうみんながびっくりするような奇跡があった。これにちなんで古代では、毎年七月に津宮というところに舟を奉納しました。

その後、中世に出来た本には、昔、舟に乗ってご神体の渡御（とぎょ）をする祭りをやったということが出ています。江戸時代には神門のところに小さい舟を置くだけで、大きい舟をつくることはなくなりました。けれども、明治になってまた午年（うま）ごとに大きいお祭りが行われるようになったのです。

それから古代では毎年四月十日に例祭があったということで、『常陸国風土記』によればこのお祭りは氏神さんのお祭りみたいににぎやかになります。『風土記』によれば、村の衆や神主さんたちがお酒を浴びるように飲む、村の男女が夜を重ね日を重ね、数日にわたってお祭りが行われたということがかなり詳しく書かれており、鹿島の古代の祭りの様子がわかります。

東国の鎮守タケミカヅチ

近年発表されたある論文では、タケミカヅチという名前は平安時代になってから付けたのではないかといわれますが、これはまったく根拠のないことだと思います。なぜそういえるかといいますと、朝廷の資料に出てくるものはタケミカヅチという名前で全部統一されているのです。神々の名前を途中からかえるというのは、古い時代ではみられません。祭神名の差し替えがしきりに行われるようになるのは、中世も室町時代の終わりぐらいから以後です。平安時代に入って『続日本後紀』に、藤原氏の一人が遣唐使に任命された時、航海の無事を祈って朝廷から鹿島の神に位を授けるのです。その時にも鹿島の祭神はタケミカヅチ(建御賀豆智命)となっています。

それから藤原氏の氏神(うじがみ)である春日大社の祭神については、『延喜式』の祝詞(のりと)の中に第一座が「鹿島にます建御雷命」、第二座が「香取にます伊波比主命(いはひぬしのみこと)」となっています。祝詞の文章などは細かい点には差しかえなどもあるかもしれませんが、大綱としては奈良時代ごろまでに決まってあったものを、ずっと使っていると思われます。

それから『延喜式』の神名に関する部分は、それ以前の『弘仁式(こうじんしき)』『貞観式(じょうがんしき)』をほ

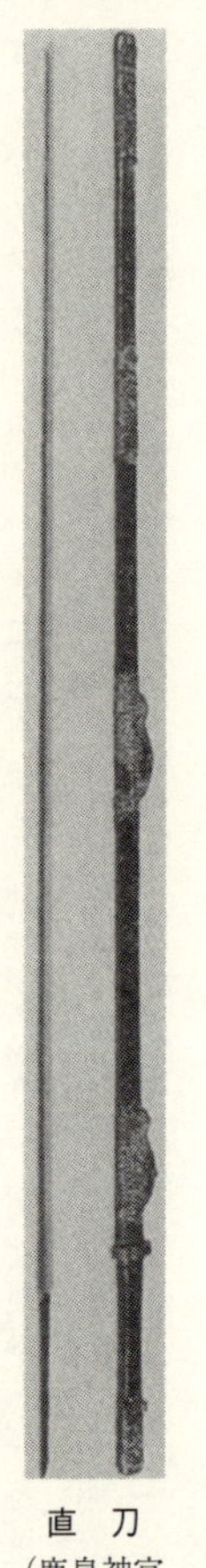

直　刀（鹿島神宮蔵）

とんど踏襲したに過ぎないといわれます。「神名帳」については追加があるけれども、全文の書き換えはやっていないし、追加した場合は「貞」という字を上に書いて貞観式の追加であることを示しますので、一目で区別がつく。ですから祝詞の部分などに神々の名前をあとから追加するなどということは考えられません。それから『古事記』『日本書紀』の出雲神話などを考えても、鹿島の祭神としてのタケミカヅチの名前は、奈良時代にはもうあったと考えていいと思います。

そしてこの神はいったいどういう性格の神なのか。古い神体としては、本殿の後ろに磐座（いわくら）と神木がありますが、ご社殿が出来てからは刀剣が御霊代（みたましろ）でありました。現在は鹿島神宮の宝物館に、二メートルを超す長い直刀（ちょくとう）が飾ってあり、国宝になっています。この直刀が明治以前は神体でした。奈良時代以前の伝世品の刀剣といいますと、正倉院にあるもの以外ではこの鹿島神宮と高知県の小村神社に古墳時代の末期ぐらいの刀があります。現在もご神体としてまつられ、やはり国宝になっています。そのほかに伝世品では例がない。やはり鹿島は刀剣と関係の深い神であったと考えられます。

石上神宮には、タケミカヅチが天上から投げ下した刀が祭られているということを先にのべました。この石上の剣と非常に密接な関係にあるのが鹿島の神です。このタケミカヅチという名前の神は、鹿島神宮のほかには全国どこにも祭られていないのです。近畿地方にもない。やっぱり石上との関係を考えた方がいいのではないかと思っています。

平安時代には中臣氏が宮司を世襲しています。中世では藤原氏が摂政・関白に就任するたびに宮司を交替させるというようなことがありまして、その時に中臣氏と大中臣氏が交替で就任するということがずっと室町のころまで続きます。

しかしタケミカヅチはもともとは、どうも中臣氏と結びつくものではなかったらしい。もとは物部氏が奉じていた神ではないかということを、終戦後すぐ東大の丸山二郎氏がいわれました。それから一九七〇年に松前健氏が、タケミカヅチを祭っている鹿島神宮についてやはり物部氏との関係が古くて、物部氏が没落したあとで二次的に中臣氏が祭るようになったのではないかと書かれた。松前さんは国文学系で、丸山さんは『国史大系』の編纂に参加された日本史学者で、全然専攻の違う二人の方が、別々に同じ結論を出されたことは興味深いと思います。

私はそういう先生方の研究を基にして考えるのですが、石上神宮のところでも申し上げましたが、石上の主祭神はフツノミタマですね。五、六世紀のころ、フツノミタマを奉じて物部氏が各地に遠征したわけです。そういうものがあちこちにある布都御魂神社や物部神社に反映していると思われます。その中で関東というのはとくに重要なところで、東国遠征が物部氏が大連(おおむらじ)の時に行われている。そして東国の鎮守神として、関東平野の一番東の鹿島の地に、ちょうど伊勢神宮が太陽が東から上るところに造られたのと同じように、鹿島神宮の立地も海から太陽が上るのが正面に見えるところですね。そしてここは古墳などの古いものがあまりないところです。

鹿島神宮の境内からは六世紀の土器はたくさん出てくるのですが、それ以前の五世紀代の祭祀遺跡はないのです。ですから、六世紀になって新しくここに祭られたということが推定されます。安閑〜欽明朝ごろになって、武蔵や上毛野の反乱なんか平定されたその時点で、石上の分霊というか、国譲りの神話で石上のフツノミタマの剣を操るタケミカヅチが、とくに東国を鎮めるための神になる。そして平定に活躍した神だから、これが記紀の神話をつくる時には出雲の平定にも転用された可能性がある。このように私は考えています。

そして常陸というところは特別重要なところだったのですね。平安時代の初めからずっと後まで、常陸は親王任国といって皇族が国司になるのが慣例の国です。

ここで注意していただきたいのは、東国の鎮めの鹿島にアマテラス大神を祭ってはいないことです。だからアマテラス大神は新しいという人もいますが、これは古代の祭りの構造をご存知ない方なのです。神話については思いつきでいわれる方がずいぶんいます。神武天皇の熊野での物語でも、神武天皇が苦戦に陥った時、アマテラス大神は直接助けにいくのではないのです、タケミカヅチを招いてお前が行けと命令するのです。

アマテラス大神は一番上にいて、ほかの神々に命令する。するとほかの神々が、それぞれいろいろな機能を分担して事にあたる。こういう形は大和王権の大王のもとで各氏族が機能を分担する形をそのまま反映しているし、それがのちの律令国家の機能にも対応している。天皇は直接政治をしないで、軍事に関することだったら衛府(えふ)の大将や征夷大将軍に任せる、国内の政治のことは太政官に任せる、というような形が律令時代にはありました。そういう形が神話や祭祀の中にも反映しているわけです。

それから伊勢神宮の章で申しましたように、大王の守り神であるアマテラス大神を臣下が直接祭ったり祈ったりすることは、許されなかったのです。臣下が遠征の陣中で祭ったり、国府に祭ったりする時も、それはアマテラス大神の命令を受けた神々を祭るということになります。そういう考え方が、後で述べる神祇官の制度にも反映しているかと思います。

物部から中臣へ

さて、東国へ遠征しタケミカヅチを鹿島の地に祭った物部氏は、聖徳太子のころに蘇我氏に敗れて没落します。そののち大織冠（たいしょくかん）・藤原鎌足が領地にしたのはこの辺だろうと思います。といいますのは『常陸国風土記』の中に、内大臣（鎌足）の封戸（ふこ）がこの国に設けられていたと記述があります。封戸というのは、五位以上の官人が民衆の家を給与として何戸と与えられ、そこから納める租庸調のうちの調庸をまるごともらう制度です。そういうことで、鎌足が常陸に封戸を持ったことから、鎌足の一門と常陸との関係が出来たのです。

藤原鎌足は常陸で生まれた関東の豪族だというようなことを聞いたことがあると思いますが、これは信頼できる話ではありません。というのは古い確実な書物の中には全然出てこない。十一世紀の『大鏡』に見えるのが最初ですが、これは常陸と藤原氏との関係が非常に深いところから、のちにできた話だと思います。

それはともかく、物部氏は没落し、それに代わる中臣の一門としての藤原鎌足がおそらくここに領地を得る。そしてその時期から中央でのお祭りを分担する氏族であった中臣氏が、物部にかわって鹿島神宮をお祭りするようになるのではないかと思われます。やがて藤原氏が中臣氏から独立すると、新しい神社をつくらなければならなくなった。そこで中臣氏の氏神の東大阪市にある枚岡(ひらおか)神社の神二座と、鎌足の封戸にゆかりのある土地の鹿島のタケミカヅチ、香取のイハヒヌシを合祀して平城京に祭ったのが春日大社だと思います。そうなってからこんどは新たに、鹿島の神がシカに乗って東国からはるばる春日山にご神幸になるという藤原氏の神話が出来るのでしょう。そのあとで、また鎌足常陸誕生伝説が出来てくるのだと思います。

香取の神はイハヒヌシ

鹿島と香取と二つあるわけですが、それでは香取の方はどういう神様か。香取はいま神社へいきましても、ご祭神はフツヌシということになっています。けれども平安時代に朝廷から位を授けるさいには、いつも「香取に坐(ま)す伊波比主(いはひぬし)」とあってイハヒヌシが祭神になっています。このことは『日本書紀』にも出てくるのです。『日本書紀』の国譲りの話で、タケミカヅチとフツヌシが出雲の平定にいきます。その中で軍の首途(かどで)を祭る斎主の神であるフツヌシを斎(いわい)の大人(うし)といった。この神はいま東(あずま)の国の楫(か)取(とり)にいらっしゃると書いてある。また春日大社の祝詞の中にも、香取に坐すイハヒヌシと書いてある。このように古い記録では香取の神は斎主なのです。それをフツヌシといっているのはどういうことだろうというわけです。

じつは香取の神をフツヌシとしている古い例は、平安時代に斎部広成（いんべのひろなり）が編纂した『古語拾遺』です。これは中臣系でなくて斎部系の手になるものですね。ですから中臣氏の祭る関東の神のことについては、正確な知識を持ちあわせていなかったことと、それから、鹿島・香取がペアになるのは鹿島香取使で平安時代の常識でしたから、国譲り神話に合わせて鹿島にタケミカヅチと書いたら香取はフツヌシと書いてしまったのではないでしょうか。必ずしも正確な知識を持ち合わせていなかったかと思います。

このあとフツヌシが香取の祭神だと書き始めるのはずっとあとで、南北朝の『神皇正統記（じんのうしょうとうき）』までないのです。『神皇正統記』は「大日本国は神の国なり」で始まるような書ですから、国学者たちにもてはやされ、さらに北畠親房という忠臣が書いた本にあるというので、明治政府からも信頼されて、祭神までフツヌシに変わってしまうのです。

それではフツヌシとはどういう神だろうかというと、神話学者の三品彰英氏や松前健氏は、石上神宮の祭神フツノミタマの別名ではないかといわれています。

香取神宮と海上の国造

それでは香取はどんな神を祭っていたかわからない。下総の風土記があれば、その中にいろいろ書かれていると思うのです。『下総国風土記』は現在、ほとんど残っていないのがなんとも残念です。これは、どうも地元の豪族の祭る神だったらしいのですが、イハヒヌシとはなにかといいますと、〝いわう〟というのは斎あるいは祝ですから、イハヒヌシ＝斎主はお祭りを執行する責任者ということでしょう。祭りをする人が神になるとはどういうことなんだろうかというと、鹿島の祭神は大和の大王の命で祭られている大事な神様となりますと、地元の豪族の祭っている神が、奉仕するような形があったのではないかと思います。

ではそんなこと根拠があるのかといいますと、まず前に述べたように鹿島には地元の豪族とは関係のない、朝廷から移してきた神を祭って新たに鹿島神宮というものがつくられますが、香取のところは隣が海上（うなかみ）の国造（くにのみやつこ）の領地です。海上の国造というのは他田日奉部直（おさだのひまつりべのあたい）という長い氏姓をもつ民族です。正倉院文書には、他田日奉部直神護（おさだのひまつりべのあたいじんご）という人の名が見えます。

海上の国造というのは、銚子のあたりからいまの鹿島神宮の近くまでを領地としていましたが、あとでその一部を切り離して鹿島郡が出来るんです。そして日奉部（ひまつりべ）というのはなにかといいますと、これは太陽＝アマテラス大神の祭祀に奉仕する部民です。その祭りの費用を貢納するために置かれた部です。直というのはその統率者で地方豪族がなっている。豪族の姓にはほかに公とか臣とかありますが、この直というのは大和王権にたいして従属性が非常に強い、半ば官僚に近いような場合に国造に与えられるとされています。しかも他田というのは敏達天皇の宮殿の他田宮です。敏達天皇の時に太陽神の祭儀に奉仕するために設定されたのが他田日奉部で、そういう宗教的な部民の統率に関することをしていたのが海上の国造なんです。

『延喜式』の「神名帳」でみますと、利根川河口をおさえるこんな重要なところであるにもかかわらず海上郡には式内社がないのです。これは不思議なことです。朝廷が郡をおくとき、勢力のある国造の領地は二つ三つに分けてしまうことがあります。その結果、隣接する郡司には同じ氏姓の人がなっている場合があります。吉備がそうです。吉備から美作まで大きい範囲を吉備国造が支配したけれども、いくつもの郡に分割してしまいます。同様の例は上野国でも伊勢でも見られます。

ですからここの場合も、おそらく海上の国造が領有していた土地を、少なくとも二つ以上、海上郡と香取郡には分けられた。だから他田日奉部の祭っていた地元の神社が香取郡に入ってしまい、これが香取社となり、一方、海上郡には式内社に相当する古い神社はないということになってしまったと考えられます。ですから、香取社のお祭りは、おそらく海上の国造である日奉部直がやっていたにちがいない。

似たようなことが伊勢神宮にもあるのです。第3章でも述べたように、伊勢神宮の場合は内宮にたいして外宮があります。いま同格みたいにいわれていますが、これは中世から度会氏の勢力が擡頭して外宮が同格を主張するようになってからのことです。もとは内宮が格が上です。内宮は天皇家の氏神であるアマテラス大神をお祭りしてありますが、古くは外宮の方は「御饌都神（みけつ）」といっています。すると御饌つ神というのはアマテラス大神に奉仕する料理番の神さまでしょう。料理番の神さまだということからのちに外宮が食物の神、穀物の神さまということになるんです。料理番の神さまだということを実際に証明できるのは、伊勢神宮では朝夕のお供え物は内宮ではしない。全部外宮の御饌殿（みけでん）という神々の食堂に両宮の神々を集めて、外宮の神職たちが奉仕する。ここに地元の豪族の奉仕の姿がそのまま見られるということは、前にも申しました。

こういう形が鹿島と香取においてもあって、香取の方は斎主という神主の形で、鹿島の神を祭る役です。もとはちゃんとした地主神としての神名があったのでしょうが、それが鹿島の神の〝斎主〟ということになってしまった。そしてそれが神名としてずっと残っていたのだと、こういうふうに考えることが出来ます。鹿島と香取が一体になっているのは、そういう関係であろうと思います。

蝦夷征討の軍神として

この章の初めに、鹿島神宮の社殿が珍しい「北向き」であることを申しました。それはこの神社が、大和王権の東国の鎮めとして設置されたという性格とかかわりがあります。東国平定が完了すると、中央政権の関心はその北にあるエミシの世界へ向かいます。鹿島の神は、エミシ征討の神としての機能をもたされます。鹿島の神はエミシの世界にたいして北向きに鎮座しているのです。

鹿島神宮を分祀した神社は、『延喜式』の「神名帳」では東北地方に分布しているのが特徴です。東北といっても太平洋側の陸奥国にだけ八社あって、出羽国にはない。これは鹿島神宮のある常陸国が、征討軍の基地であったためだと思います。これについては宮井義雄氏の『鹿島香取の研究』という本によりますと、八つのお社のうち北の方にある三つは確認できないが、奈良時代に蝦夷計略の拠点であった多賀城あたりまでのところは、みんな国府や軍事拠点に限られている。こういうことを『延喜式』に出てくる鹿島御子神たちについて考証しておられます。さらに北にある三つは、蝦夷の地ですからね。なおさら軍事的な性格が強いでしょう。

そのような性格がもっとはっきりわかるのは次の史料です。『類聚三代格』巻一におさめられた貞観八（八六六）年正月二十日の太政官符には、鹿島神宮の神主の中臣部道継の解という奏上文が引用されています。それによると、

大神の苗裔の神、陸奥国に在り。古老伝へていふ。延暦以往、大神の封物を割きて幣帛の料に充て、件の諸神に奉る。弘仁以来、止めて奉らず。茲によりて諸神祟りを成し、物怪しきりに示す。仍て去る嘉祥元年、幣帛を弁備し、当国の移文を請ひて彼の国に向ふ。しかるを旧例無しと称して関を通るをゆるさず。ここに道継身を関下に留め社に向ふをえず。もたるところの幣帛は河の頭に祓い棄て、空しく以て廻り来れり。

道継は陸奥国の管内の鹿島苗裔神にお供えをするために、常陸国司を通して陸奥国司に願い出たにもかかわらず、白河関を通してくれないことを本社に訴えたのです。この道継の上中書をうけた鹿島宮司は、

年ごろ夏月に寒き風ふき、秋稼みのらず。部内の疫癘、連年聞こえあり。宮司卜筮するに、件の神祟りを成すと。仍て幣帛を奉るべきの状、禱祈すでに畢んぬ。望み請ふらくは、彼の国に下知し件の幣帛を奉らんことを。但し其の料は大神宮

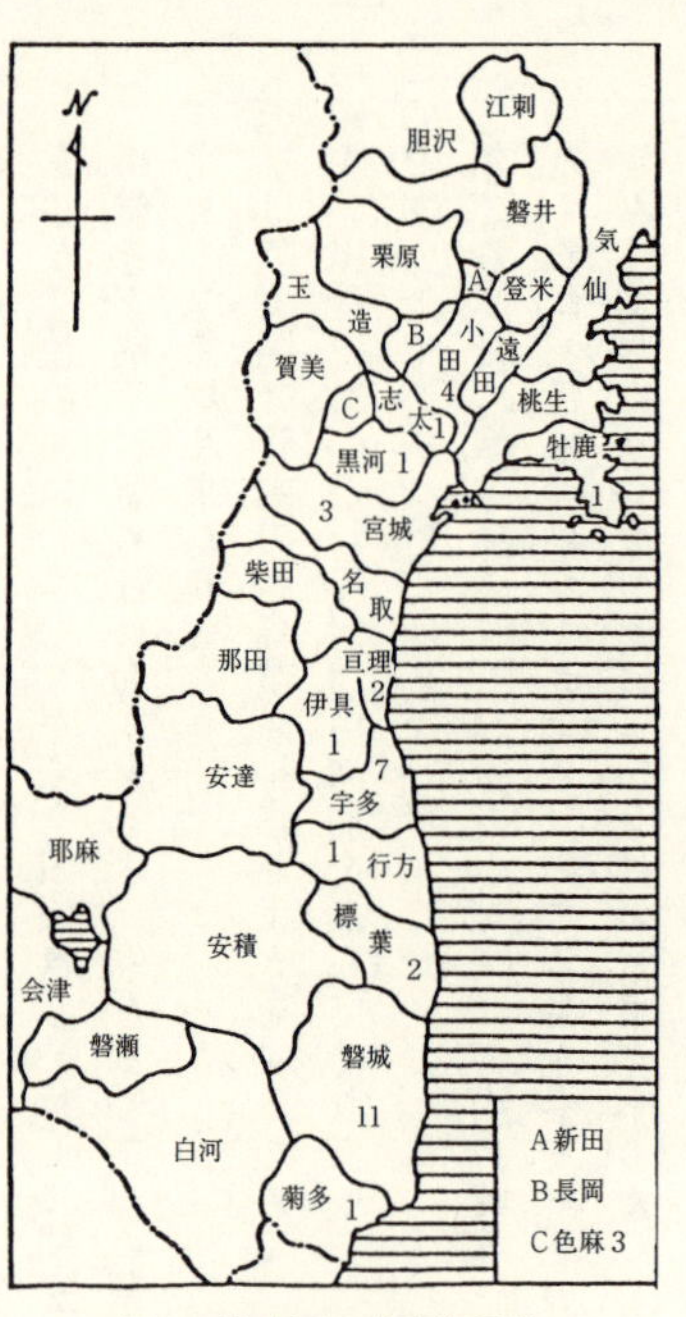

図３　陸奥国の鹿島御子神

の封物を用ひん。謹んで官裁を請ふ。

と近年の凶作や疫病は神の祟りであることを強調し、幣帛料は本社の神戸の貢納物をあてるからと、関所通過を太政官に上奏し、許可されるわけです。

奏上文の「延暦以往」の延暦、桓武天皇の時代に何があったかというと、ご存知のように坂上田村麻呂による蝦夷征討が行われました。その時に鹿島の神の分霊を奉じて遠征したと考えられます。征討軍の陣中の守護神として、また征服地の鎮守神として祭られたのです。そのあとも、鹿島神宮の神主が白河関から北の神々のお祭りをしているのですから、本社との関係が非常に深いことになります。

そして先の太政官符には、菊多郡一前、磐城郡十一前というように、十三郡にわたって三十八社の御子神をあげていますが、それを地図の上にあげると図3のようになります。これは高島弘志氏の論文から引用しました。こうして見ると、陸奥国といっても海岸沿いだけですね。征討軍の通った道すじがみごとにあらわれています。

近代の鹿島・香取

このように鹿島の神の場合は国家の鎮護のため、蝦夷征討軍の陣中に祭られたわけですが、これは民衆が今年の米がよく出来るように、また病気が早くなくなるようにと祈願する村のお社とは、ずいぶん性格が違うのですね。寺院の場合にも国家的なものと、民間の檀那寺的なものの両方あります。神社の場合も国家の鎮護にとくに力をいれているお社と、そうでない民衆信仰のお社があります。日本の歴史の中でこの両方の信仰がからみ合いながらも、二つの系統として流れて来ているわけです。

この鹿島・香取と国家の関係は中世ではまったく絶えていましたが、明治からまた別な形で復活します。

慶応四(一八六八)年正月に、京都の南部、鳥羽・伏見において薩長軍と幕府軍が交戦し、戊辰戦争が始ります。鳥羽・伏見の戦の直後に、まだ即位して間もない明治天皇は、官軍をひきいて大坂に向かいます。「大坂行幸」です。二カ月ほどで京都にもどりますが、この行幸の進発前と帰還後とに、御所の紫宸殿において「軍神祭」が催されました。

軍神祭の祭神は、天照大御神・大国主神・武甕槌之男神・経津主神の四座で、明治天皇が自ら祭文を奏上しました。

四柱の神々はいずれも記紀神話の出雲の国譲りに登場する神々です。維新の王政復古と江戸開城を国譲りになぞらえたもので、ここに鹿島・香取の祭神が登場するのです。

そういうことがあって、鹿島・香取というのは特別に扱われるようになります。またこの軍神にあやかって命名した軍艦に「鹿島」「香取」があります。香取の方は昭和天皇が皇太子の時にヨーロッパに行かれた時のお召艦になっています。そのゆかりで艦首を飾った菊の紋章は、いまも香取神宮の宝物館に展示されています。

神社は古代の姿のまま現代まで続いているのではなくて、あとからのいろいろな変化がある。さらに近代は別の意味と性格をもって栄えているということがあります。現在の姿だけ見て、それが古くからのそのままだと思ったらとんでもない、という例もたくさんあるのです。

第7章　古代の氏神の祭り

「氏神」とは

古代の氏神祭の実体は、ほとんどわかりません。しかし八世紀以前の時代では「氏」の単位で祭りを行っていたことは確かです。ところで現在では「氏神」という言葉には二通りの意味があります。現在われわれの「氏神さま」というのは血縁氏族と関係はなく、地域の鎮守さんのことを氏神さまといいます。

それは江戸時代以来のことで、そういう言い方はいつごろまで遡るかということはいろいろ議論がありますが、古くは氏神といえば、物部氏とか大伴氏とか、蘇我氏とかそういう氏族、あるいは共同の氏神祭を行う同族の守護神として祭る神でありました。それが中世になって血縁的な集団から地縁的な関係が主になる集団に代わりますと、氏神という名前だけ残って、実際にはその土地の鎮守さま、別のいい方でいうと産土神（うぶすな）のことに変わってしまうわけです。

さて古代の本来の氏神祭がどんな形で行われたか、ということが、なんとか知られる資料は、八、九世紀のころのものが若干残っています。『延喜式』の「神名帳」を見ると、たとえば大和では当麻寺のあたりを本拠とした当麻氏の氏神がおそらく当麻都比古神社、大神氏の氏神が三輪山の大神大物主神社に相当するでありましょうし、それから橿原市の宗我坐宗我都比古神社が蘇我氏、波多神社は波多臣、また巨勢氏の氏神は許世津比古神社といわれます。

このように地名を擬人化して彦とか姫とかつけたお社が割と多い。山城では賀茂別雷神社（上賀茂神社）と賀茂御祖神社（下鴨神社）、いわゆる上・下の賀茂神社ですが、これが賀茂県主の氏神で、このことは『山城国風土記』にはっきり出てきます。

枚岡神社本殿

また河内では玉造氏の一族が祭る玉祖神社とか、藤原氏の祖先になります中臣氏が祭った東大阪市の枚岡神社などがよく知られています。

そういう氏族ごとの氏神の名残として、民俗信仰の中に残っているのが屋敷神です。一族の本家の屋敷の隅とか、裏手の丘の上とかに小さな祠として祭られています。お稲荷さんが多いですが、八幡さんがあったり、ご先祖の霊を祭るというところもあります。土地によって内神（うちがみ）とか内鎮守（ないちんじゅ）とかいろんないい方をしております。お祭りには神主さんを呼ぶ場合もありますが、たいていは本家のご当主が祭主になって行われる――ということは古代の氏神祭の伝統をささやかに残しているわけで、近畿地方ではほとんど見られませんが、東の方、北関東から北陸、東北地方にわりと多く見られます。九州でも鹿児島県、熊本県あたりに分布しております。

　これは真ん中がどんどん文化が発展するから変わっていく、ちょうど池に石を放り込むと波の輪が広がっていくように波及していき、いき場のない端の方に古いものが残っている。だから東西に長い日本列島の中で東と西で似たようなものがあれば、それは古い様相を残すものだといわれていますが、屋敷神とか内鎮守とか内神とかも、古代の氏神信仰の名残りをとどめているものであろうと考えられております。

大伴坂上郎女の歌

　つぎにこの氏神祭は古代では具体的にどんな形で行われたのか、それを示すものが『万葉集』の「大伴坂上郎女（さかのうへのいらつめ）、神を祭る歌」です。大伴坂上郎女は大伴家持（おおとものやかもち）のおばさんに当たる人です。

大伴坂上郎女、神を祭る歌一首　並に短歌

ひさかたの　天の原より　生れ来たる　神の命　奥山の　賢木の枝に　白香つけ木綿とり付けて　斎瓮を　斎ひほりすゑ　竹玉を　繁に貫き垂り　鹿猪じもの膝折り伏せ　手弱女の　おすひ取り懸け　かくだにも　われは祈ひなむ　君に逢はじかも

反歌

木綿畳手に取り持ちてかくだにもわれは祈ひなむ君に逢はじかも

右の歌は、天平五年冬十一月を以ちて、大伴の氏の神に供へ祭りし時、いささかこの歌を作りき。故、神を祭る歌といふ。

（『万葉集』巻三―三七九、三八〇）

ここで確かなのはまず家刀自、本家筋の主婦です。娘さんなどではなくて、家刀自が斎主になって自ら幣をとって祭っていることです。祭りの主宰者は誰かということについては、あとでふれるように問題はありますけれど、とにかく神前に幣を捧げたり神酒・神饌を供えたりするのは女性がやってることは確かです。おそらくお祭りする特定の場所はあったでしょうが、社殿があったかどうかは疑問です。どうも邸外の集落から離れた場所に設けた臨時の祭壇の前のように思われます。

「奥山の賢木の枝に白香つけ、木綿とり付けて」、白香というのは麻の苧のバラバラになったもので、いまでも祭りで使いますね。木綿というのは麻の一種で織物です。日本で木綿が一般化するのは江戸時代に入ってからで、奈良時代にはありません。同じ木綿という字を使うからややこしいのですが、奈良・平安時代では、木綿と書いてあるのは「ユウ」のことです。
「斎瓮を斎ひほりすゑ」というのは神籬を立ててその前に瓶をすえることです。酒を入れた瓶をすえるというふうにいわれるのですが、私は疑問だと思います。というのは、古い形式の古墳では埴輪の原形にあたるものとして、壺を並べている例がありますし、『播磨国風土記』には丹波と播磨の国境に大甕を埋めて境とした話など、壺・甕の呪術的に用いられる例があります。壺というのは中が空っぽで、中空のものは霊魂が入る、あるいは神の御子が入るのにふさわしいものなのです。かぐや姫が出現する時も、中空になっている竹の節の中に入っていました。

　そういうことで神霊を迎えるためには空洞になっている壺が必要です。「ほりすゑ」というのは、壺の底は円いのですね。底が円いと土の中に半分埋めなければならない。そしてそれを神籬の前に掘り据えるのが神霊を招く手段であったのです。

　つづいて「竹玉を繁に貫き垂り」の「竹玉」は、国文学者は竹を切ったものだといいます。起源はそうかもしれないが、もう『万葉集』の時代に竹なんか切ったものをつけるようなことはしないはずです。竹玉に当たるのは古墳の中から出てくる管玉（くだたま）であろうと考古学者はいっています。

「鹿猪じもの膝折り伏せ」というのはシカやイノシシなどのように、ひざを折り伏して祈禱している姿が目に浮かぶようですね。「手弱女のおすひ取り懸け」の「おすひ」というのはショールみたいに衣服の上から全身を覆う長い布で、浦島太郎の絵本で乙姫さんが肩から掛けているのがおすひです。家刀自が盛装して祭りをしているのですね。

君に逢はじかも

「かくだにもわれはこひなむ」。これは神霊を招くために歌っているのですが、相聞（そうもん）――恋の歌の形になっていますね。「こひなむ」には原文で「祈」「乞」の字を当てていますが、私は「恋ひなむ」でよいと思います。その次に「君に逢はじかも」と続くので恋の歌になっているのですからね。「君に逢はじかも」の辞句については、愛しい男性に逢いたいものだ、と解釈されているようですが、この「君」というのはこの歌全体からみて、神でなければならないと私は思います。祭りを行うために神を招く歌で、恋人のように神に呼びかけていることになります。祭りの最中に、愛人のことを思って歌うのでは不謹慎になりますから。

神を祭る巫女が、神の妻と考えられていたことはたくさん例がありますが、『日本書紀』では、たとえば三輪の大物主に仕えるヤマトトトビモモソヒメは神の妻になっています。こうした職業的な巫女だと長期的ですけれども、氏神祭の時には、斎主になる女性は祭りの一夜だけ神の妻になるわけで、そこで神に「君に逢はじかも」と呼びかけているのではないかと思うのです。この時期にはもう聖婚儀礼のようなことは、おそらく氏神祭ではやっていないと思いますが、出雲大社などでは平安時代まで行われていた形跡があります。

巫女が神の妻ということが近代までいわれていた例としては、常陸国の鹿島神宮には明治の半ばまで物忌とよばれる巫女がいた。これは神主の一族から選ばれた娘さんが斎女として、一生独身で通します。鹿島の場合は一生涯独身で、九十まで生きていたお婆さんがいます。それを調査した人の論文を見ると、明治のころでも斎女はいつまでも若い姿で、年をとって引退すると途端に白髪が出て急にふけてしまうという、言い伝えがあったそうです。これも巫女は「神の嫁」であるという観念が残っていたためだと思います。

そういう背景のもとで「われは祈ひなむ、君に逢はじかも」ということを繰り返していっているのです。これは夫にたいし、あるいは妻訪いをしてくる男にたいして女性が呼びかける形で神様を呼び出す、そういう歌なのです。だからおそらくこれは、大伴坂上郎女が独創で作ったのではないだろうということです。

神祭の言葉には以前からの決まったパターンがあって、祭りによって適宜文句を入れ替えた、あとの大部分は決まり文句で、そしておそらく節をつけて、和琴などをボロンボロンと弾きながら、祭儀の中で巫女が神を呼び出すために歌ったのだろうと思います。

春秋の氏の祭り

氏神の祭りについて、つぎにこの祭りが十一月に行われていることがあげられます。『類聚三代格』巻十九には寛平七（八九五）年十二月三日に「まさに五位以上および孫王、たやすく畿内を出づるを禁止すべきこと」という太政官符があります。貴族や皇族が、五畿内諸国から外へ勝手に出てはいけないという制限令ですが、その例外規程として、

また諸人の氏神、多く畿内にあり。毎年二月、四月、十一月、何ぞ先祖の常の祀

りを廃せんや、若し申請あらば直ちに官宣を下さん。

とのべています。ここで畿内に氏神が多いというのは一般の問題ではなくて、五位以上の貴族たちの氏神のことです。そして毎年二月、四月、十一月と時期が決まっているお祭りを廃らせることはない。お祭りをやるのは結構なことだから、畿外に氏神のある貴族の場合も申請があれば直ちに許可証を出そうといっているわけです。

この官符でわかるのは、氏神祭が二月または四月と、十一月に行われるということです。しかしこれは三回あるということではないのです。『延喜式』には春秋の氏の祭りという言葉が出てきます。四月は昔の暦だと初夏になるわけですし、十一月も冬ですからちょっとおかしいのですが、とにかく年に二回、氏神のお祭りが行われたということがこれでも知られるわけです。そのほか『延喜式』には勅使が行く、あるいは朝廷からお供え物を送る神社の例がたくさんありますが、そのほとんどが二月か四月と、十一月に限られています。

写経生の休暇届

奈良時代の氏神の祭りのもう一つの資料があります。造東大寺司の写経生が氏神祭をするのに出した休暇届が六通、正倉院文書の中に残っています。

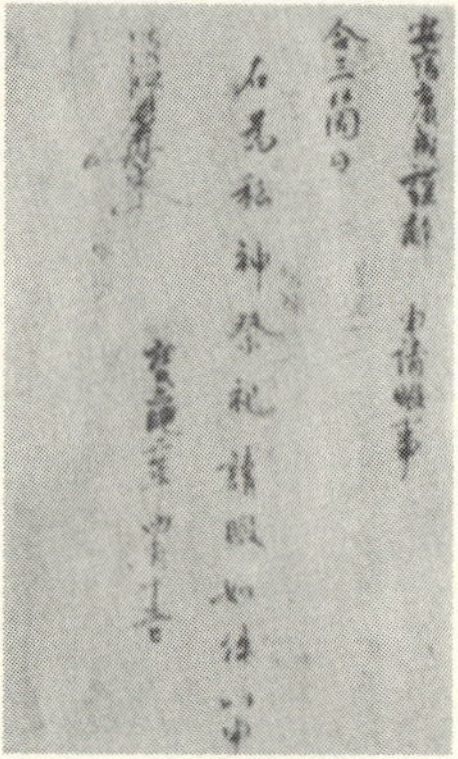

安宿広成請暇解
（正倉院宝物）

これは造東大寺司の写経所でお経を写している人たちの、氏神祭の休暇届です。うんと下っ端の役人なのですが、役人になれるということは、当時の村落内ではかなりの有力な家柄の人々で、それが交代で都へ勤務している。ほとんどが畿内の豪族です。原文は漢文ですから一例を読みくだしてみますと、

三島子公解し申す、暇を請ふ事
合はせて二箇日
右、私の祭祀のために暇日を請ふところ件の如し、以つて解す。
宝亀元年十一月廿五日
「判許す、法師奉栄」

「三島」氏はおそらく摂津国の三島の豪族でしょう。「解」というのは上申する文書のことで、私の祭祀のために、二日間の休暇を下さいということです。「判許」というのは許可したということで、写経所の責任者の坊さんが許可のサインをしています。

このほか同様の休暇届があと五通あります。まず八木宮主という人のばあいは、少し遠くへ帰るのでしょうか、「祠祀のため」五箇日の休暇を請うています。「祠祀」は氏神の祭りのことでしょう。また、氏部小勝は「私の神を祀奉らんがため」三日間、それから安宿広成、この安宿というのは、いわゆる河内飛鳥で、いまの大阪府太子町のあたりですが、都からちょっと時間がかかるので三日間、「私神祭祀」のため、休暇をとっています。また、美努石成は、「私の氏神を奉る可きにより」五日間の申請を出しています。

最後に、前半の欠けた文章が一通あります。

（上欠）
右、今月十四日を以て、鴨大神また氏神を祭奉らんと欲す。此れに由りて二箇日の閑受け給はらん。謹んで以って解す。
　四月十三日

というものですが、この鴨大神を山城（京都）の賀茂神社とすると、奈良の都から二日間で祭りをすませて戻ってくるのはちょっと無理ですから、おそらくこれは大葛城の鴨大神、高鴨神社だろうと思います。この文書はいらなくなった後、紙の裏側をほかの用途に使っていたために、前の方が欠けているのですが、これに人の名前があれば面白いのに残念です。

これらの休暇届の日付を見ますと、三島子公が十一月廿五日、八木宮主が四月十日、氏部小勝が四月十一日、安宿広成が四月十五日、美努石成が十月廿八日、この場合は、旧暦では十月は二十九日か三十日で終わりで、五日の休暇をとっていますから、お祭りは十一月はじめになります。それから人名の欠けた鴨大神の祭りの場合が四月十三日です。こうして見ますと、六例ともすべて四月と十一月になっており、先にのべた氏神祭が二月か四月と十一月に行われたということが、ここでも確かめられます。

官人の本貫地と氏神祭

それからこのような祭りの行われた時刻ですが、やはり『類聚三代格』巻十九の中に両京畿内で夜の祭りをするのはいけないと禁止する布告が、都が平安京に移って四年後の延暦十七（七九八）年に出されています。これは都城の付近で夜間に人々が集まり、松明（たいまつ）をつけて行列したりするのが不穏な動きとして支配者の目に映ったのでしょう。それで祭りは昼間にせよという命令を出している。そういう命令が出るということは、当時は昼間の祭りが例外で、民間ではみんな夜中に祭りを行っていたからでしょう。第1章で述べたような、古代の神祭りは夜中に行われるという原則が、ここにも生きているのですね。
さきほどの奈良時代の写経生の休暇届に話を戻しますが、そこでも夜中の祭りと考えて、その状況が想像つくと思います、休暇を二日間とる場合を考えてみますと、奈良時代の役所の勤務は早朝（日の出）から昼までです。正午の太鼓が鳴ったら門を閉めますから、だいたい午前十一時ごろに退庁するわけです。それから家へ帰って用意しても奈良市の周辺や大和盆地のあたりだったらその日のうちに帰れます。

そして田舎の自分の屋敷に一晩泊まって、翌日の祭りに参加する。そして夜中に本祭があって、翌日に直会（なおらい）があって、それが済んだら都に帰っていく。あるいはその日帰ってすぐ夜の祭り、翌日に昼の神事と直会、それからもう一日滞在して次の日に帰っていく。都から近いところは、だいたいそういう日程で帰省したものと思われます。五箇日というのは往還に時間のかかるやや遠いところだろうと思います。このようにたとえ奈良の都で勤務していても、氏神祭には氏人は必ず参加しなければならない。氏神祭とはそういう厳重な慣例のものだったのです。

奈良時代の官人つまり役人たちの勤務形態のことを申しますと、東野治之さんたちの説では、都へは働きに出ているだけで、生活の本拠はみんな村にある。それで屋敷もみんな二つか三つある。貴族の場合もそうです。

出勤日数は、下級の貴族の場合は番上官といって、交代で年間に百四十日以上出ればいい。三分の一の出勤だけでいいのですから、田んぼの忙しい時は「田暇」という休暇も、旧暦の五月と八月に十五日ずつあります。ですからなにかというと、しじゅう田舎へ帰っていた。その百四十日の限度を切ると、位階の昇進がストップされたり、あるいは季禄というボーナスがもらえないなどということになる。

常勤の高級官僚つまり長上官の場合には二百四十日以上ですが、それでもなんのかんので田舎へしじゅう帰っていた。そういうことですから、田舎で氏神の祭りが行われるといってもわざわざ都から出かけるのではなくて、彼らは氏の長者などとして、生活の本拠がそこにありながら都の役所へ時々顔を出す、年間でいいますと三日に一度ぐらい都へ行って働いている、とこういうふうにとっていただいた方がいいと思います。

神事奉仕の氏上と斎女

つぎにこの祭りをするのがどんな人で、どんな形で行ったかということです。大伴坂上郎女の歌では、女性が祭りの主役だということですが、ほかにもこういう歌が多いので、女性だけが祭りをやっていたというふうに思われがちです。しかしそうではなくて、古代の祭りは女性と男性とがペアで行っていた例がたくさんあり、その形が普通だろうと思われます。ただ役割分担がある。

祭りの条件として日本では必ず食べ物をお供えしなければならない。もっとも最近の日本では乾物を並べっぱなしにしてすましているところもありますけれども、ほんとうは祭りのたびに新鮮なもの、すぐ食べられるように調理したものをお供えしなければならない。お供えはいまでは男の神職がしていますが、昔は伊勢神宮のように、女の人が神饌を供える役であったと思われます。これを仮に斎女と申しますが、彼女たちによって神を喜ばせるために歌があり、舞いがあったりということだったと思われます。

その時に祈願のことを申し上げる祝詞の奏上とか、正式に参拝する主役になったのは斎主で、男です。音楽演奏も男性の分担と思われます。

この祭りに氏上が斎主になった、という証拠があるのです。『続日本紀』の和銅七（七一四）年二月九日条に、「従五位下大倭忌寸五百足をもつて氏上として、神祭をつかさどらしむ」と見えます。すると氏上というのは祭りの主役になるということです。

このように実際の祭りの執行の中で、神に直接触れるようなことをするのは斎主と斎女です。氏が大きくなれば――おそらく大伴氏などの場合、たいへん大きい氏ですし、氏上（うじのかみ）は三位・大納言まで昇る家柄ですから、大勢の氏子の集まる祭りで、祭祀を司る禰宜や斎女に当たる人たちはおそらく相当の人数だったろうと思います。

小さい氏の場合には男女二人きりでひっそりと行われた。そして神秘的な夜の祭りの部分と、晴れがましい昼の祭りの部分と、それがセットになって行われただろうと思います。いま行われている古い祭りでも、夜中に行われる祭りと、翌日明るいところで行われる祭りがあります。昔もおそらくそうであったと思われます。

祭りから女性を排除したのはむしろ仏教の影響などがあってからあと、とくに中世以後だと思われます。中世の封建社会で、本土ではお祭りが男だけになる。沖縄では女だけになる、ということなのでしょう。

このほかにも「六国史」には、氏族について氏上任命の記事がいくつかあります。また『令義解（りょうのぎげ）』の中にいろいろな神社の名が挙げられ、何々氏が祭る神だということが書いてあります。そういうところにも氏上を中心とした同族祭祀の姿が見られます。

祭りに泥酔した郡大領

ここに地方の場合、氏上として祭りに参加した豪族が、へべれけに酔ってしまって動けなくなったという史料があります。

足羽郡大領正六位上江東人謹みて解し申す、お使ひ勘問の事

合せて五条

（中略）

一、雑務を論ぜんが為め田使の僧等召すところ、不参二度の事

右、一度は神社春の祭礼に依り、酔ひ伏して装束にたへずして参らず。

一度は病臥未療の間参向せず。但し使を進上す。

以前五条の事、東人の身遅鈍ならびに老衰、事ごとに欠怠、さらに罪を避くるを得ず、よつて具さに事の状を録し、使の裁きを請ふ。謹んで解す。

天平神護二年十月十九日　大領正六位上生江臣「東人」

これはいまの福井県に当たる越前国足羽郡の大領ですが、東大寺の荘園の設定に大変な活躍をした生江臣東人の弁解の文書です。これだけをちょっと見ると無能な人物のようですが、けっしてそうではなくて、たいへん有能な東大寺の役人として荘園の設定に大活躍し、おそらくその行賞としてでしょうが足羽郡の大領になる。大領というと地方豪族でなれる最高の地位です。地方の郡司クラスというと、位階は初位と

越前国足羽郡大領生江臣東人解（正倉院宝物）

か八位とかいうのが普通なのですが、この人は正六位上です。五位以上というと国司相当の高い地位で、中央の大貴族で特定の家柄のものだけしかなれませんから、地方豪族としては大出世をしています。そういう地位についており、年をとって田舎へ帰ってきて大領になった人物です。

大領になってからも東大寺の荘園の設定に協力し活躍するわけですが、この時、東大寺から派遣されて下向して来た田使からの質問にたいして、いろいろ答えていることが右の五カ条であります。その一番最後にいろいろな雑務について論ずるために田使の坊さんから呼び出しがあったのに、二度もいかなかったので叱責された。それにたいして弁解しているわけです。一度は神社の春の祭礼で酔いつぶれてしまって身支度することができずに行けなかった。もう一度は病気で行けなかった。けれどもこの時はこういうことで行けませんとちゃんと使を出して連絡はしています、ということです。正六位になっているような人でも東大寺の権威をおもんぱかって、「東人の身遅鈍ならびに老衰」とへりくだって書いていますが、実際にはなかなか人をくった楽しい史料です。古代の氏神の祭りの様子がのぞかれる珍しい文書です。

神祭りの酒宴

祭りは夜中に行われ、そして翌日神さまをお帰しすると、そのあとで直会の宴が開かれますが、祭りの中でお酒を飲むのは二回あるのです。まず祭りの最中に神さまと一緒に、列席した氏人たちが飲む。これはいまでも近畿の宮座行事では、神社で横長い板敷きの拝殿がある場合は、そこへ宮座の人たちがずらっと並んで盃を回すことがあります。年下から年上へ、年上から年下へ、また長老から新しく入って来た若者へと神酒を廻す。こういう形はいまでも近畿一円の宮座行事などで見られます。この時に廻す盃の作法が三三九度なのです。いまは木杯の小さなので一人ずつ頂いていますが、中世以前は大きい杯で、参列者の間をぐるぐる回しながらガブガブ飲む。一人でゆっくりと酒は静かにのむべかりけり、みたいな飲み方はしなかったのです。昔のお酒はドブロクですから、祭りの何日か前に仕込まなければならない。そして祭りの時にちょうどおいしくなるように仕込む。これがまた家刀自（いえとじ）たちの腕の見せどころになるわけですね。ことしは暖かい、寒いということで仕込みの時期や方法を加減し工夫する。出来すぎればすっぱくなるし、未熟でも困る。その出来具合はまた占いでもあるわけで、一番おいしくなっていれば神さまが喜んで下さっている証拠で、甘酒程度だったら神意にそわないというふうに。神前の行事としての酒盛りは氏神さまといっしょにいただく形なんですね。

　祭儀が終わったあと、翌日にこんどは神事から解放された慰労宴として直会の儀があるのですが、酔いつぶれてしまうのは後宴にあたる直会の方です。この場合もみんな好き勝手にめいめい盃で飲むのではなくて、全員が廻し飲みするのです。何回か廻ったらその中の主から声がかかるとだれかが舞いをしたりする。そして造ったお酒は、全員がその直会の場でもって全部飲んでしまわなければいけないのです。

　正倉院文書の郡の大領クラスの人の戸籍では、筑前国、いまの福岡県の島郡大領の肥君猪手（ひのきみいて）の一族のものが残っており、百二十四人以上の大家族です。それに分家なども入れたらおそらく何百人にもなるでしょう。郡司級豪族の氏神祭の酒宴は、越前の生江臣の場合も何十人か集まって華やか、かつ神聖な宴であったことでしょう。そしてその宴の中心になるのが主宰者としての氏上であります。ですから祭りの途中に東人を東大寺の坊さんが呼び出したって、氏上の立場としては、それは行けませんということになるのは当然だろうと思います。そんな光景をうかがわせる史料ですね。

氏神は祖先神なのか

つぎに氏神さまというのは先祖の神さまなのか、ということです。ここはちょっと大事なところです。「氏神さまはご先祖」ということは柳田國男先生もいわれまして、民俗学者のかなりの人がそう主張されていますが、どうもそれには疑問があります。戦後になって氏の守護神というのはご先祖さまと違うという学説が有力になってきました。和歌森太郎氏や原田敏明氏もそういうことをいっておられました。

古代の氏神の具体的な例を挙げてみますと、まず山城の秦氏の場合、先祖は秦の始皇帝だと彼ら自身ではいっているわけですが、それなのに秦氏の氏神は松尾の大山咋神ですね。祖先神とは別ですね。

また『常陸国風土記』を見ますと、行方郡の箭括氏麻多智という人が谷の葦原を開いて田をつくりますが、その時にヘビの夜刀神というのが邪魔をしたので、山と田の境のところに杭を打って、ここから上は神の世界、ここから下は人の世界だから領域をお互いに侵さない、という約束をします。そしてそこに祠を建てて子孫が代々祝となって祭りを続けて今にいたる、と書いてあります。箭括氏麻多智はその土地の豪族のようですが、その祭ったヘビの神は別に自分たちの先祖でも何でもなく、ただ田を荒らすのを防ぐため、守ってもらうようにお願いした。そういう土地霊の動物神に過ぎない。

筑前の宗像(むなかた)大社の場合も宗像君というのは宗像郡の大領になる名族ですが、この場合も、『日本書紀』には祭っている神が三柱の女神であることは書いてあるけれども、先祖とは書いていない。そして神話の中でも、三人の女神のうち誰かが宗像氏の先祖を生んだなどという神話は一つもありません。宗像氏の系譜の先祖は大国主神系です。一方、三女神はもともとは、玄界灘の海そのものを神格化した女神たちです。

宇佐八幡宮の場合もそうです。全国の八幡さんの元祖は宇佐ですけれども、宇佐八幡の本社を祭っていたあの宇佐君(うさのきみ)というのは国造であった名族で、現在でも子孫が残っています。ここの場合も、祭神を先祖だとはまったくいっていないのです。

さらにこの中間のような形で考えられるのが賀茂県主(かものあがたぬし)、京都の上賀茂、下鴨の場合です。賀茂県主の祖先のタケツヌミという人には男の子と女の子と二人の子どもがありました。タマヨリヒコとタマヨリヒメの二人です。タマヨリヒメが瀬見の小川で水遊びしているときに、神の化身の丹塗矢(にぬりのや)が流れて来て、それを拾って持ちかえったことから、彼女は神の妻になって妊娠し雷神の子を生む。その雷神の子を祭ったのがカモノワケイカヅチ、いまの上賀茂の祭神で、タマヨリヒメが下鴨の祭神です。つまり母子の神です。賀茂県主はタマヨリヒコの子孫で、祭神の母親の兄さんの系統ということで母子の神の直接の子孫ではない。

これに似た例は、持統朝に中納言まで昇進した、大和の三輪高市麻呂（みわのたけちまろ）の一族の先祖です。大神（おおみわ）神社の場合には祭神が村の娘のところへ通って、その結果生まれたのがオオタタネコです。これが三輪氏の先祖になるのですが、この場合には神が人間に生ませた子が先祖になるという形で、こういう神の人間への通婚伝承を媒介にして、ようやくヘビ神がご先祖になるわけです。このように本来は氏神とご先祖の霊とは違うのではないか。

氏神は守護の精霊

ではご先祖は神になれないのか。祖先崇拝というのは日本の信仰の歴史の中では大きな柱ですから、大きな問題です。

竹田聴洲（ちょうしゅう）さんと高取正男（たかとりまさお）さんの共著『日本人の信仰』という本の中で、日本人の信仰に三本の柱がある、それは稲と先祖と家であるとされます。この家という観念については時代によって変わりますから、果たしていつごろからかということで疑問がありますけれども、稲と先祖が日本人の信仰の骨組みになっているのは確かだと思います。けれども私が考えるには先祖崇拝を日本人は伝統的に持っていることは間違いないけれども、ご先祖のお祭りの仕方と、氏の守護神の祭りの仕方とは、大きく違うんじゃないかと思います。

　お社を建ててお祭りするのは、守護神である氏の神さまである。ご先祖についてはお正月とお盆の年二回、別にお社を建てたりする必要はなくて、定期的にご先祖さまをお迎えして家の中でお祭りをすればいい。また季節も違う。

　先ほども言いましたように二月または四月と十一月というのが氏の祭りです。それにたいしてご先祖の祭りは、お正月と七月のお盆です。七月の行事が仏教以前の古くからの祖先祭りだったらしいということ、正月と共通の性格のものであるということは、柳田先生の「先祖の話」で主張されて以来、これは反対する人は知りませんが、お盆と正月はもとは同じ行事だったのであり、先祖祭りだった。それは稲の祭りの性格もあわせもっていたという説は、これもいまのところ異論は聞きません。

　また氏神つまり守護神の方は、先ほどの『常陸国風土記』のヘビの神みたいに、お祭りしなかったら祟るかもしれない。その祟る神が祭ることによってはじめて自分たち一族の守り神になる。こういう性格のものだから、お社を建てたりして厳粛にお祭りしなければならない。これは家の中ではなく、一定の野外の祭場で祭りの時だけ、仮設のお社を建てて行う。

私は前から守護の精霊ということばを使っているのです。人格神化する以前はこういった方がいいように思うのです。ヘビだとか水の神、カッパだかなんだかわからないようなものとか、あるいはシカとか、そういうものを神にしている場合には守護神というより守護の精霊といった方がふさわしいと思います。

守護の精霊が祖神化するまでには神の通婚があり、そこで若宮の誕生がある。この若宮が人間になる場合はご先祖になるわけです。そういうたぐいの伝承はあちこちにあります。たとえば、本四架橋で脚光を浴びている瀬戸内海の大三島(おおみしま)神社、あそこの神主の一門も古代以来の名門ですが、中世に書かれた文書には、そこの神主の三島氏当主にはわきの下にうろこが見られるということです。それはおそらく祖先がヘビとの通婚で生まれた名残りなんですね。

『源平盛衰記』の中に載っている九州の緒形(おがた)氏は、大和の三輪山神話と同じ話を伝えていますが、一族は、代々の身体にうろこの形のアザがあるという話が残っている。そういう形で神霊が人間の女に生ませた若宮が人の先祖になる場合に、はじめて祖先神化する。こういうことなのだろうと思います。

古代ではこのような同族単位の氏神祭が行われており、そしてそれは氏上と家刀自とが中心になって行われたこと、そしてその氏神は一族と血縁関係のないものであり、おそらく太陽とか月とか、あるいは海とか山とか、あるいは動物神とか、そういうふうな自然そのものが神であって、それはまだ人格化していない精霊である。祖先神とは別のものであった。そういうことをこの章ではお話ししました。

第8章　神祇官の祭り——西院の神々と御巫の奉仕

神祇官の祭り

この章のタイトル「神祇官の祭り」というものは、「神社」ということからはちょっとはずれるようですが、律令制度のもとでは神祇官は全国の神社の統制の要（かなめ）にあった役所ですし、また天皇の地位に直接かかわる王権祭祀を執行する、祭祀行政の中心的な役割をもった役所でもありますから、氏族の守り神や地方の神社・祭りと対比する意味でも、ぜひふれておきたいと思います。

わが国の律令制度では神祇官が太政官とならんで設置されており、模範にした唐の制度では見られない、日本律令制の特色であることはみなさんもご存知のことと思います。

役所としての神祇官の役割や重要性はどなたも注目しているのですが、この役所の中で行われていた祭りがあったこと。それは女性神職が主体となって行われたものであったこと。また神祇官内の神殿とその祭りが、宮中におけるいわば〝天皇の神棚〟

といってよい役割をもつものであったことは、あまり知られていないことでしょう。

そこで、このような神祇官の祭りは、実態はどのようなものであったのか。また、どうして忘れられてしまったのか。といったことを、お話ししましょう。

神祇官の組織と職掌

まず、神祇官という役所のことからお話ししていきましょう。先ほどもちょっとふれたように、律令制の中央の役所というと、高校の教科書にあるように二官・八省・一台・五衛府といいます。

二官は神祇官と太政官。八省は中務省（なかつかさ）をはじめとする八つの省をさします。この「省」はいまの省と同じように考えたらいけないので、太政官が内閣に相当し、今の大臣に当たるのが参議で、左右大臣と共に閣議に相当する会議を開く。各省はその下にあるので、いまの省よりもっとレベルは下がります。

一台というのは弾正台（だんじょうだい）という特別な裁判所です。

五衛府というのは衛門府、左右の衛士府、左右の兵衛府と五つあって、いわば親衛隊と警察軍です。

これらの役所の一番トップに位置するのが神祇官なのです。当時の法律である『大宝令』や『養老令』でも、二官八省の最初に掲げられています。

しかし実際は、その長官の地位や役所の大きさからいうと太政官と並ぶものではなくて、八省とほぼ同じレベルの大きさの役所です。長官の位も各省の長官と同じ四位の官です。太政大臣は正一位または従一位、左右大臣が二位相当、大納言と大宰帥・参議が三位、その下が各省の長官で正四位上。神祇伯は従四位下に相当します。

神祇官の長官は伯といい、次官は二人いて大副と少副です。このうち大副が必ず伊勢神宮の祭主を兼ねます。これは現地に住む神職たちとは別で、ふだんは都で神祇官に勤務していて、年に四度の祭り（後述）の時に勅使と同行して神宮へ下ります。あと判官にあたる大祐、少祐、主典にあたる大史、少史とがあります。

それからこの役所で変わっているのは、ほかの役所ですと必ず史生という書記官がいるのですが、神祇官には一人もいないのです。そのかわりに神部三十人と卜部二十人がいます。神部の一部が書記役をしたのでしょうか。

「職員令」に決めてあるのはこういうことだけですが、このうち卜部の一部が、後には宮主になってしまいます。この宮主というのは卜部の中の何人かを任命して、宮中の祭りの神主さんみたいなことをする役で、御巫という巫女と並んで祭典を執行したようです。このほか卜部は亀甲を用いて天皇の健康や、祭りに関する占いをするのを役目としていました。卜部氏は壱岐・対馬・伊豆の出身の人々だったそうです。

　それでは神祇官の仕事は、どんなことをするのかと申しますと、『養老律令』の「職員令」に長官＝伯の職務として規定されていることをちょっと読み上げますと、「掌らむこと神祇の祭祀、祝部、神戸の名籍、大嘗、鎮魂、御巫、卜兆、官の事を惣べ判らむこと」、とあります。「神祇の祭祀」というのは朝廷における神々の祭りのこと、「祝部」は諸国の神社の神職たちのことで、おそらく次章でとりあげるような祈年祭に、朝廷から幣物（お供物）を奉る官社に列する格をもった、そういう神社の神職たちだと思いますが、その名簿を管理します。それから「神戸」というのは、朝廷から大きな神社にあたえた封戸という領民のことです。どこの神社の神戸はどこそこの里の誰それの戸というような神戸の名簿、つまり台帳をこの役所で管理していたのです。

　つぎの大嘗・鎮魂というのは、宮廷で行われる大きな祭りを、大嘗（これは即位の大嘗祭だけでなく、毎年冬の新嘗祭のことも律令では大嘗といいます）とその前夜に行われる鎮魂祭の二つで代表させ、恒例の宮廷祭祀の執行の任務を指していると思われます。

　そのつぎの御巫というのは、宮中の祭りに実際にたずさわる女性、巫女のことで、彼女らが神祇官の管掌下にあったことを意味します。この御巫という女性神職たちのことは、「職員令」という各官庁の役人の定員を記した法律には記載がないのです。そしてこの神祇伯の職掌のところにだけ記されています。後宮の女官たちは定員の記載があるので、女性だからということが理由ではなさそうです。これをどう解釈するか問題ですが、御巫についてはこのような不可解なことがあります。

伊勢神宮の祭りと神祇官

さて、神祇官の職務の中で一番大事なことは、上級官庁として伊勢神宮を監督することにあったようです。伊勢神宮は天皇の守護神であり、国家の最高神としての待遇をうけます。神宮は内宮・外宮の神職群の上に社務・神領を統轄する役所の大神宮司、斎王の皇女の住む斎宮を管理する役所としての斎宮寮などがありましたが、それらはすべて中央の神祇官の管掌下にあったと思われます。

伊勢神宮には年間の大きな祭りが四回あります。二月の祈年祭、六月と十二月の月次祭、それに九月の神嘗祭の四回ですが、この大きな祭儀には原則として皇族が勅使——天皇の使者として派遣されます。これを四度幣といいます。その勅使に神祇官の役人のうち大中臣氏と忌部氏がお供することになっており、大中臣氏は祝詞を読み、忌部氏が天皇からの供物の織物や馬などを供える役をすることになっていました。

神祇官の次官の大副（たいふ）は多くは大中臣氏ですが、神宮の最高の役である祭主を兼務することになっており、この祭主が先にのべたように勅使と共に下向して、神宮の主要な祭典に参列するのです。この使者たちは平安時代には東海道を近江から鈴鹿峠を越えていくコースをとりましたが、平城京以前には飛鳥から真東にあたる高見峠を越えていくと案外短い距離で往復できたようです。

それはともかく、このように神祇官は神宮の祭祀をとどこおりなく執行するよう、次官が毎年四回も出張監督するほどで、神宮の祭祀もこの役所の大切な任務だったのです。このことはあまり注意する人がありませんが、律令国家と伊勢神宮の関係を考える上でも、神祇官の役割はもっと注目してよいと思います。

平安時代には、朝廷から祭りの日に幣物を供える神社が、畿内には賀茂神社をはじめいくつかあります。しかし、皇女の斎院のおかれる賀茂社は別格ですが、ほかの神社にはこのように皇族が使に立ったり、神祇大副が出向したりすることはありません。伊勢神宮の祭祀を無事に執行すること自体が、神祇官にとっての重要な役目だったわけです。

律令制度が崩れてくると、祭主の性格も変化してしまいます。神祇官の大副＝次官の出張監督という意味を失って、平安末期以後は伊勢に土着するようになってしまいました。

神祇官の神々

この役所の二番目に重要な職務は、宮中で行われる祭祀の執行でした。それは四時祭(しじさい)といって、二月の祈年祭から始まって十二月の大祓に至るまでの季節ごとの定期的な祭りです。そのほか不定期に随時に行われる臨時祭というのがあります。

それから宮中にとくに祭られている神々があって、いわば御所の中の神棚に当たるものです。それは、御巫がお祭りします。

『延喜式』の巻第九と巻第十は、天皇が祈年祭に幣帛（供物）を分与する、これを班幣(はんぺい)といいますが、その対象になる神々、全国三千百三十二座の神々のリストがあります。これをふつう「神名帳」といいます。そのトップにあるのが宮中でお祭りされる神三十六座ですが、ここにあげたのは、天皇に直接関係する非常に大事な御巫たちの祭る神二十三座です。

神祇官西院坐御巫等祭神廿三座（並大。月次新嘗。）

御巫祭神八座

神産日神　　高御産日神

玉積産日神　生産日神
足産日神　大宮売神
御食津神　事代主神
座摩巫祭神五座
生井神　福井神社
綱長井神　波比祇神
阿須波神
御門巫祭神八座
櫛石窓神　豊石窓神
生島巫祭神二座
生島神　足島神

「並びに大、月次新嘗」というのは、これらの神々が大社の社格をもち、月次祭と新嘗祭にも特別に神祇官からのお供物が贈られる神々だということです。

神祇官の役所のあった位置は、藤原宮や平城宮の場合はまだ確認されていませんが、平安宮では大内裏（だいだいり）の東南隅にあったことが考証されています。次頁の図を見ていただくとわかりますように、大内裏の中央に天皇の住まいの内裏がありますが、東南隅の

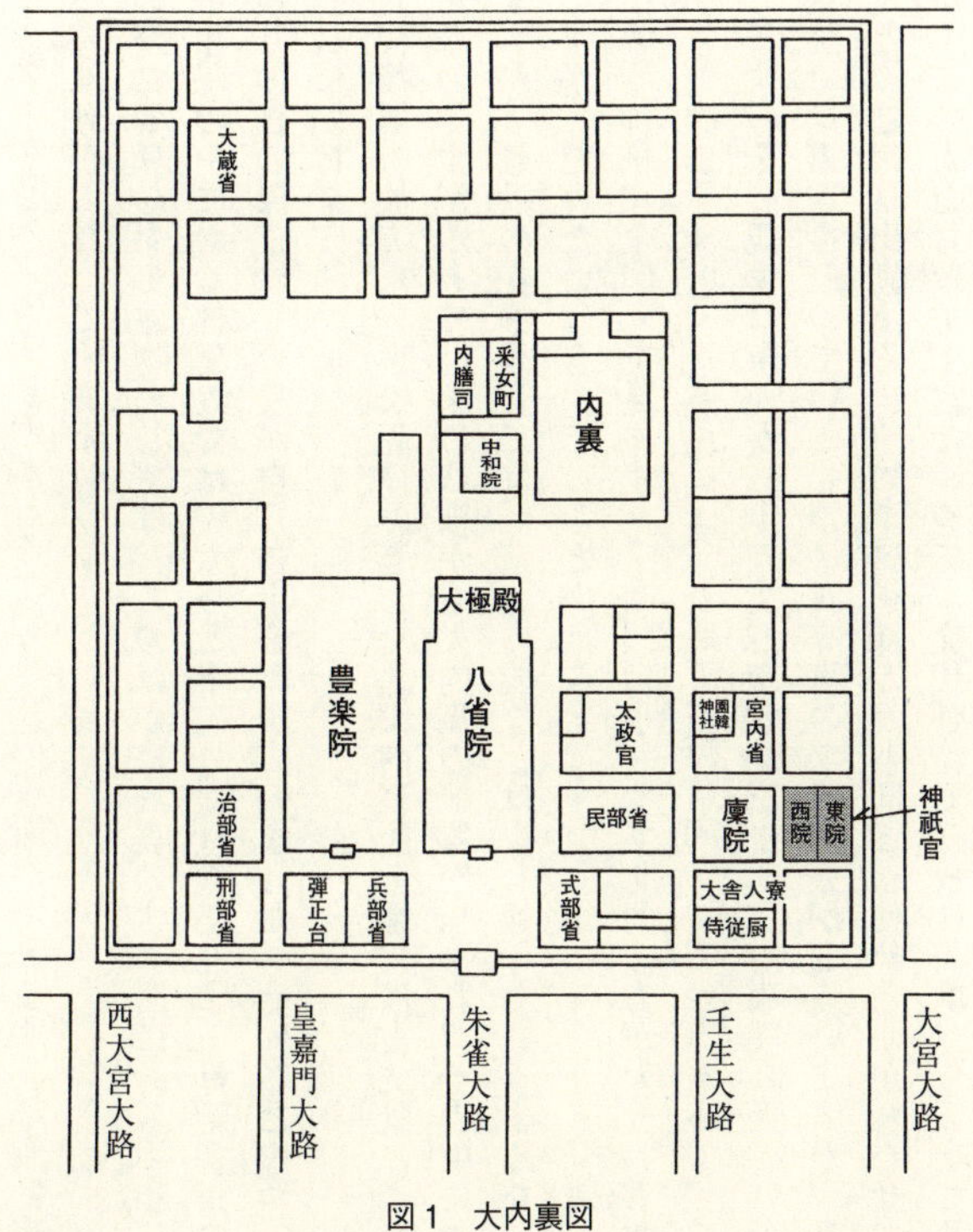
大蔵省
内膳司
采女町
内裏
中和院
大極殿
豊楽院
八省院
太政官
神社
園韓
宮内省
民部省
廩院
西院
東院
神祇官
治部省
刑部省
弾正台
兵部省
式部省
大舎人寮
侍従厨
西大宮大路
皇嘉門大路
朱雀大路
壬生大路
大宮大路

図1　大内裏図

郁芳門（図2）から入ってすぐのところに神祇官の役所があります。それは東院と西院の二つの部分からなっています。

天皇の祭に関係のある建物としては、このほかに内裏のすぐ西にある中和院（ちゅうかいん）もあります。中和院の中にある神嘉殿（しんかでん）では、六月と十二月の月次祭と十一月新嘗祭の三つの大きな祭りの日の深夜に、天皇が自ら神事を行っていました。そのことについてはまたあとでふれましょう。

江戸時代後期の故実家、裏松固禅（うらまつこぜん）の著した『大内裏図考証』は古文献によって復元考証したものですが、その付図には細かく大内裏の配置が描かれ、その中に神祇官も出ていますが、最近の発掘調査では、道路の幅などは少し違うというようなこともあるようですが、だいたいは合っているということです。

その中の「神祇官全図」を見ますと、南門は小さくて北門の方が大きい。北門がなぜ大きいかといいますと、これは内裏（御所）の方に向かっているからで、これが正門になります。その規模は東西が三十五丈、南北が三十七丈で東院と西院に分かれ、そして東院では事務をとっていました。四等官の上級官人が七人いますが、長上官といってほとんど毎日出勤する。その下に神部とか卜部とか使部とかが合わせて八十人いますが、この人たちは番上官といって、交代勤務で三日に一度ぐらい出てくればいい。神祇官東院はこのように狭いところですが、官人たちの事務所として機能していたところです。南の方は土門といって土を板屋根の上にのせた質素な上土門で、建物は北舎と後庁と南舎がある。そして北舎と後庁の間に官人たちの食事を作る大炊殿があり、そばに井舎つまり屋根のついた井戸があります。

西院と八神殿

一方、西院の方は祭りや儀式を主に行うところです。北庁という建物が正式の庁舎で、ここでいろいろな神祇官としての大事な儀式をやっている。もっとも天皇が出てくるような祭儀はここではしません。それは神嘉殿や大極殿で行うのですが、それ以外の大小の祭儀などは北庁で行ったようです。そしてその前に広い広場がありまして、ここには竹が何本生えていたとか、どこに何の木があったとか、そんなことまで裏松固禅は考証しています。

広場の西側には八神殿という八つの御殿が東を向いて並んでいます。斎部殿というのがその南側にあります。この斎部殿というのはどういうところかといいますと、これは鎮魂祭といって毎年十一月の新嘗祭の前日に、天皇の魂を鎮めるために猿女や御巫が神楽歌に合わせて舞ったり、伏せた槽を矛で突いたりする。あるいは神祇伯が

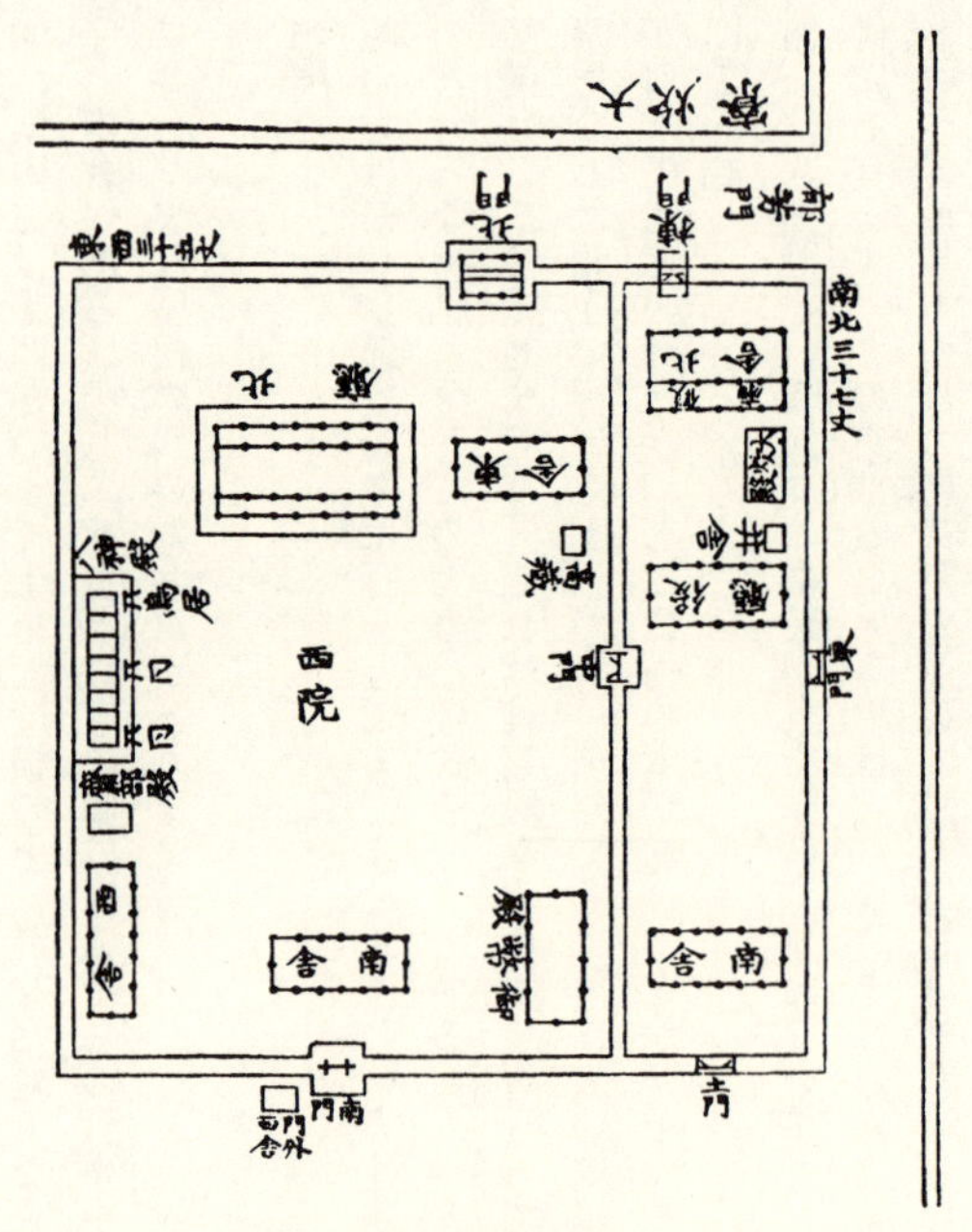

図２　神祇官全図

「ひーふーみーよ」と唱えながら糸を結ぶ。その時に天皇・皇后の魂を封じ込めた糸を壺の中に入れる。そういう行事があります。その糸や斎衣を納めておくのが斎部殿なのです。平安時代に賊が入ってそれを盗み出した事件が史書にみえます。

先ほどの『延喜式』を見ますと「神祇官西院に坐(ま)す御巫等の祭る神廿三座」と書いてあるうちの、「神祇官西院」がいま図で見ました西の方の一画です。

御巫祭神八座、これは平安時代の中ごろぐらいから〝八神殿〟という名で、史料にしきりに出てくるようになります。ここがいわば「宮廷の神棚」です。

八神以外の神々には、最古の写本である九条家伝来本の書入れに「北舎」と注記がありますが、それは西院の神祇官北庁のことだということになっています。つまり北庁の建物の中に座摩巫(いかすりのみかんなぎ)祭神、御門巫(みかどのみかんなぎ)祭神、生島巫(いくしまのみかんなぎ)祭神がそれぞれお祭りしてあるわけです。ところが御門巫祭神を九条家本では「大内に祭る」と注記しています。「大内」というのは内裏のことです。これについては疑問点もあるのでそのことはあとでいいます。

そういうことで南向きの北庁にお祭りされているものと、東向きの八神殿にお祭りされている神々があり、すべて〝御巫〟という女性神職が奉仕してお祭りしていました。

天皇の鎮魂の神

それでは、どんな神々があったのか、まず八神から見ましょう。この神々の性格を見ますと、まずアラテラス大神がないことに注目していただきたい。これは宮廷内では祭らないで、宮中から外（伊勢）へ出したからということになります。最初の八神というのは鎮魂祭の対象になる神々で、天皇の魂を鎮めるのに大事な神たちです。ですからこれは天皇の健康などに関係あると考えられます。

ここに奉仕する御巫は、奈良時代には『令集解』に引く「別記」に御巫二人は大和の国造から出すと出ていますので、もう二人いたんです。平安時代には「中宮、東宮の御巫また同じ」と書いてありますから、天皇の鎮魂に奉仕する御巫のほかに中宮の御巫、東宮の御巫と巫女は三人に増えたわけです。八神殿の巫女たちのことを『延喜式』の祝詞では「大御巫」といっています。

この神々の名をみても、ムスビの神が多いですね。「神産日」「高御産日」「玉積産日」「生産日」「足産日」と五柱のムスビの神があります。これらも天皇の鎮魂行事の糸を結ぶ行為との関係が考えられます。

つぎの「大宮売」は宮殿を人格化した名称の女神と思われますが、天皇の側近につかえる内侍（女官）の神格化と見る説もあります。余談ですが、この大宮売神を宮中以外で祭る唯一の式内社は丹後国丹波郡にあります。現在の京都府京丹後市大宮町ですが、そこの社殿の後ろには、今も人の立入りを許さぬ禁足地の林があります。その禁足地は未発掘ですが、その周囲の境内地から大正時代に大量の土製の祭器類が出土したことで有名です。宮中の大宮売神と丹波の大宮売神社の関係は不明ですが、興味のある問題でしょう。

　そのつぎは「御食津神」、これは食事にかかわる神で、食物の重要さとその神が天皇の鎮魂にかかわっていることが注目されます。

　そのつぎの「事代主神」というのは、事は言に通ずるものでしょうから、天皇の命令、言辞のコトバを臣下に取り次ぐ内侍や侍従の機能を神格化したものと考えられるでしょう。

　これら八神の神々は、天皇の健康に関係の深い鎮魂行事にかかわる神々とされ、御巫（大御巫）が奉仕して祭る神々です。

宮殿・井・門の守り神

第二のグループは座摩巫の奉仕する神々ですが、これは宮殿の敷地の守り神たちと考えられます。宮殿にはどうしても水が必要です。だから井戸があります。井戸を讃美した名の「生井（いくゐ）」「福井（さくゐ）」「綱長井（つながゐ）」の三つの神があります。宮殿と井戸というと、『万葉集』の「藤原宮の御井歌」が連想されますが、この宮殿讃美の歌が井戸を讃える言葉で終始しているように、井泉で宮殿を象徴しているのです。古代人の井戸・水への関心と信仰の反映でしょう。

井泉の神々と並んで記載のある「波比祇神（はひきのかみ）」「阿須波神（あすはのかみ）」については、いろいろ説はありますが、アスハは宮殿の基礎の固め、ハヒキは宅地の境界をつかさどる神という西宮一民氏の説が、もっともよいように思います。これらの五つの神の総称が「座摩神（ゐかすりのかみ）」で、それは『古語拾遺』という平安初期の本に「大宮地之霊也（おほみやどころのみたま）」とあるように内裏の敷地の神だったのです。

そのつぎの第三グループは「御門巫（みかどのみかんなぎ）の祭る神」です。これは内裏——つまり天皇の住まいには東西南北に門があり、それぞれ平安京では承明門とか良い名がつけられていますが、その四方の門ごとに櫛石窓神（くしいわまど）と豊石窓神（とよいわまど）二座ずつを門の守りとして祭っていました。四面の門にそれぞれ二座ですから、合わせてここに記されるように「八座」ということになります。

宮門の守りということですから、現在も各地の神社の楼門の左右におかれている、弓矢をもった随神（ずいじん）のような性格と思われますが、櫛石窓・豊石窓の神はその名からも想像できるように自然石を神体として、門のかたわらに祭っていたものではないかと思います。伊勢神宮では今も四至神（みやのめぐりのかみ）という宮域守護の神が、石畳の上におかれた小さな自然石として祭られていますけれど、おそらくそれに似た形だったろうと私は想像しています。平安宮ばかりでなく、それ以前の平城宮でも藤原宮でも宮門にはこのような岩石の神が祭られていたのでしょう。しかし、平常の祭りは門のところで行った形跡はなくて、この神も神祇官西院の北庁に祭られています。あるいはこの四つの門の石神にたいしても、何かの機会ごとに御門巫がご祈禱をして巡回するようなことが行われたかもしれません。

大八洲の国魂神

最後に記されているのが「生島巫の祭る神二座」です。この生島神（いくしまのかみ）・足島神（たるしまのかみ）というのは、同じ神の威力をイク・タルと対にして表現したもので、同じ神格の表現と思います。この神は、『古語拾遺』と『先代旧事本紀』とに、「是は大八洲之霊也」と書かれているものです。大八洲は日本列島の別称ですから、そうしますと、この神は日本全体の国魂（くにたま）だということになります。国魂というのは、古代の人々には土地にも霊魂があると信じ、地域ごとに大和の国魂とか武蔵の国魂とかいうものが存在したと考えていたのです。

平安時代の記録類を見ますと、天皇が即位して大嘗祭（だいじょうさい）を挙行した翌年に、必ず八十島祭（やそじままつり）という祭儀を難波の浜辺で行っているのです。新しく即位した天皇の乳母で内侍に任命された人が祭使となって、生島巫や神祇官の役人たちを引き連れて下向するのです。そして天皇の「御衣」を納めた箱を持参し、そのふたをひらいて、海に向かって振るという行為をするのです。

これは新しい天皇の体内に、国土の支配権として大八洲の国魂を取り入れる呪術的な祭儀であろうと思います。奈良時代には、天皇がみずから難波に出かけてこの呪儀を行っていたらしい、と考える根拠もあります。平安時代になって、乳母が代理として「御衣」をもっていくように変化したのだと思います。

生島神・足島神を宮中で祭っている重要性は、この八十島祭が即位の初めに行われているということからも想像がつくでしょう。天皇の国土支配の裏づけとなる神霊として、生島巫が毎日奉仕していたのです。

以上の御巫・座摩巫・御門巫・生島巫のそれぞれが祭る四つのグループの神々の配列について、面白い見解が発表されています。二宮正彦氏の研究ですが、これらの神祇官西院の神々は、天皇の身体の直接の守り神から、だんだん外へ発展するように配置されているというのです。まず御巫の祭る八神は天皇の鎮魂にかかわる神ですから天皇の身体・健康に関係する神々です。そのつぎの座摩巫の祭る神々は、先にみたように宮殿の敷地の守り神ですから、いわば天皇の住居ですね。そのつぎは住居の外側にある門の守り神。そして最後が国土の霊である生島神というように、同心円状に外へ向かって拡大するように配列されているというのです。

これらの四種類の御巫の祭る神々は、いずれも毎年九月に例大祭が巫女たちの手で厳重に執行されていたようで、『延喜式』四時祭の巻にその時の供物の品々などが列記されています。

旧暦九月というのは、天皇にとってもっとも大切な祭りである伊勢神宮の神嘗祭の挙行される月です。その時期に宮中のもう一つの大切な祭りが、巫女たちによってひっそりと行われていたのです。

難波宮の神々

ここに見ました神祇官西院の神々の中に、難波津と関係の深い神々があることに注意しておきたいと思います。それは座摩(いかすり)神と生島(いくしま)神です。

現在もこの二つの神は大阪市内に祭られています。座摩神社は現在大阪市中央区の地下鉄四つ橋線本町駅からすぐのところにあります。土地の人々は〝ザマさん〟とよんで親しんでいます。生島神は谷町九丁目の近くにある生國魂(いくくにたま)神社です。生玉(いくたま)さんの通称でよばれているお宮です。どちらも昔は現在の位置ではなく、もっと北の上町(うえまち)台地の端にあったそうですが、太閤さんの大坂城築城の際に強制移転させられたのだそうです。つまり、両社とも元の位置は、古代の難波宮の宮域に近いところにあったことになります。

難波宮の遺跡は、天武天皇以後、奈良時代までのものが確認されています。しかし難波の王宮というと、記紀の伝承では応神天皇の大隅宮、仁徳天皇の高津宮があり、また欽明朝の祝津宮(はふりつのみや)、孝徳朝の長柄(ながら)豊崎宮は存在の確実な王宮ですが、いずれもその所在地は、上町台地か、その周辺と思われます。

生島神・足島神はそればかりでなく、前にものべたようなこの神々を祭る八十島祭が、この難波の浜を祭場として挙行されています。座摩の神々も難波に都があった時の宮殿の地主神が、その後ずっと宮中の地主神として祭られるようになったのではないか。そしてどちらの神も平城宮や平安宮までも続いて祭られるようになったのではないだろうか、と私は考えています。

生島神の場合も、難波の海の祭りが宮中の奥深くに根づいていたことになりますね。難波津と王権のかかわりは、応神天皇や仁徳天皇が一代限りの都をおいたというものではなくて、五世紀から奈良時代ごろまで、難波の王宮はずっと続いていたのではないだろうか。つまり、中国の長安と洛陽の複都制みたいな形で、王宮は難波と大和の両方にあって、大和の方は盆地内を転々と移動するけれども、難波の宮殿の方は上町台地、つまり今の大阪城のあたりから住吉までの間の範囲に継続して置かれていたのではないかと思っています。

一代ごとに変わる大和の王宮は記録に残されるけれども、難波の方は大きく移動しないから、とくに事件のない限り記録されることがなかった。そういうことで難波の王宮にあった地主神や、王宮近くの海で行われた祭りの主神が、のちのち平安京の時代に至るまで、宮中に丁重に祭られていたのだと思います。

『延喜式』の規定を見ますと、御巫たちのうち、座摩巫だけは「都下の国造」の娘を採用することになっていて、ほかの巫女は庶民からとってもよいというのです。「都下」とはどこのことか、いろいろ説がありますけれども、難波の座摩神社の神主の渡辺家には、この家から座摩巫を出していたという伝承があったそうです。そうすると難波の地の国造家から貢進していたのかもしれません。座摩巫だけは七歳以上の女子を採用し、嫁ぐ時には交代せよと定めていました。昔は婚期が早かったから、十五、六歳になったら交代したのでしょう。

御巫たちの神殿奉仕

『延喜式』巻三、臨時祭の規定の巻をみますと、「御巫(みかんなぎ)等遷替供神装束」という条文があります。臨時祭の巻というのは臨時の祭典の規定だけではなくて、神祇官に関するいろいろな規定は全部臨時祭の巻に収められているのです。はじめの方はほとんどが臨時祭の規定で、行幸の路次の祭りとか、雷が鳴った時にどうするかとか、遣唐使を派遣する時のお祭りとか、そういうものが載っています。そのあとに雑規定はすべてここに記載されており、御巫についての規定なども全部そこにまとめてあります。

さて「御巫たちの遷替に神に供ふる装束」というのは、先に見た八神殿に奉仕する御巫をはじめ、御門や座摩の四種の巫女たちが交代するとき、つまり結婚したり、病気になったりして退職する時のことでしょう。その時に神殿や神衣・調度などを、全部新しく取り替えるという規定です。

「神殿おのおの一宇(長さ一丈七尺、広さ一丈二尺五寸)」とあるのは八神殿のことでしょう。他の神殿は北庁の中に祀ってあるのですからこれより小さいと思います。「各」

とあるのは八神がそれぞれ一つの社殿をもっていたのでしょう。「長」は奥行き、「広」は間口ですから、奥行きの方が長い形です。

そのつぎに衣裳が男神四体分と女神四体分と、神殿内の設備品が列記されています。八神殿の神々が男女各四神からなるからでしょう。男神に「袴」＝ズボンがあり、女神には「裙」＝スカートがあります。「帳一条料」以下は神殿内の調度品です。「韓櫃（からびつ）二合」というのは、衣料を納める箱でしょう。漆塗りの蝶番（ちょうつがい）のついた櫃です。

最後につぎのような注記があることは大事です。「右、御巫の遷替ごとに神殿以下改め換えよ」、つまり御巫の少女が交代するごとに、神殿もすっかり建て替え、神様の衣裳・調度も全部取り替えるように規定されているのです。もっとも衣裳類まですっかり取り替えるのは、八神殿の御巫の場合だけなのです。

右の注記に続けて、「但し、座摩・御門・生島等の（巫の）斎（いっ）き奉る神は、唯だ神殿を改め、装束を供へざれ」とありまして、「巫」の字は略してありますが、座摩・御門・生島の巫の奉仕する神々は、巫の交代に際して神殿だけを建て替えるが、装束までは改めるに及ばない――ということです。

八神殿の神々と他の神々との間に、扱いの差が見られます。けれども、どの神殿もすべて巫女の交代するたびに建物をすっかり建て替えるぐらい、厳重な神への奉仕があったことがわかりますし、御巫の女性たちはそれほどに彼女たちの神聖な役目が重視されており、祭神と御巫が結びついていたことがわかります。

物忌の屋と廬守

このように御巫の役は大切なもの、神聖なものとされていたわけですが、彼女たちは新たに任命されるたびに新しく建てた家屋を支給されました。先の『延喜式』の文には、続けてつぎのようにあります。「其新たに任(ま)く御巫は、みな屋一宇を給へ」。四種類の御巫たち、奈良時代には五人、のちには六人になりますが、彼女たちはみな新任の時、その住まいが一棟ずつ与えられたのです。

その「屋」というのは、大きさが奥行きが二丈、約六メートル、庇(ひさし)が両面にあってそれぞれ二丈ずつというのです。間口の記載がないので広さはわかりませんが、母屋の両側に庇がつく形の建物というと、正倉院文書から関野克(まさる)先生が復元された、藤原豊成の紫香楽(しがらき)宮の邸宅の形を思わせるものがあります。

先ほどちょっとふれた『大宝令』の注釈書の官員令の「別記」には、御巫の定員が五人であることと、それぞれの貢進地が記されたあとに、「各廬守一人」とあります。御巫たちには、それぞれ「廬守」という者が一人ずつ付けられる定めであったことがわかります。

この「廬守」というのはいったい何だろうということになりますが、多分「イホリモリ」と読むのではないかと思います。御巫たちは十歳前後の少女でしょう。ですからその介添役が一人ずついたのだろうと思います。そしてその人が、一宇の番人みたいなもので、食事の世話をしたり、身の回りの世話をしたりする、おそらく中年女性でしょう。御巫一人につきっきりでカマドの火を守り、少女の世話をする役です。伊勢神宮の場合には巫女のことを物忌といって、物忌父という職名で男の介添役が付いています。江戸時代には母良という女性が介添役になっていました。

廬守は神へのお供えの御飯や御巫の食事を作るために、特別に鑽り出した火を消えぬように守る役でもあったように思います。古代の神祭りには、清浄な火と水を用いることをやかましくいいましたし、この「守」という字があることから神聖なカマドの火の番をする役目のように思われるからです。この廬守のことに注意した研究はこれまで見あたらないようです。

御巫の給与

「御巫田」というものが『延喜式』の主税寮の巻に、不輸租田として見えます。面積などよくわからないのですが、租税免除の稲田が与えられたようです。この田をまた賃租という形で農民に貸与し、その小作料が神祇官に届けられて、それが巫女の娘さんたちと廬守の生活費や、神饌料などに使われたと思われます。

またこの娘さんたちの衣食の給与も『延喜式』では規定されています。「夏の時服の絁(あしぎぬ)一疋(ぴき)を給ひ、冬は給はざれ。その食、人別に日に白米一升五合、塩一勺五撮(さつ)」、これだけ支給されたのです。奈良時代ではいまの四合が一升です。だから一升五合というといまの六合になり、少女では食べ切れないでしょうが、市へ持っていけばほかのものと交換出来るということです。これが生活費ですからちょっと多めぐらいでしょうか。

それから夏服の給与はあっても冬服は支給されないのですが、別に神今食(じんこんじき)の装束料として、「白紗一疋。赤紫絹三丈、深紫絹三丈。紫絲二絇(く)」。これだけを六月と十二月にもらうのです。神今食というのは、月次祭(つきなみのまつり)の晩に天皇が行うお祭りです。その時に御巫たちが参加して、これだけのものを支給されたことがわかります。

そのほか、新嘗祭に参加すると、つぎのような「禄」という臨時給与がありました。

新嘗祭に供奉する人等の禄（六月。十二月神今食亦これに同じ。）宮主一人絹一疋。（中宮亦同。）采女一人絹四疋。（六位已下三疋。並新嘗祭。）中臣一人絹四疋。（六位已下三疋。）忌部一人。御巫一人各三疋。座摩一人。御門

一人。生島一人各二疋。中宮御巫一人二疋。 已上官物。東宮御巫これに准ぜよ。

宮中のお祭りで、毎年、一番盛大に行われたのが新嘗祭です。新嘗祭は昼の行事と夜中の行事と二つあります。新嘗祭に供奉する人たちの「禄」というのですから、あとで特別賞与としてもらうものです。

この時、忌部と御巫がそれぞれ絹を三疋もらう。御巫と書いてあるのは八神殿に仕える大御巫のことです。あと座摩・御門・生島各二疋と、ちょっとランクが下がる。中宮御巫そして東宮御巫も二疋支給される。こういうことなのです。「六月。十二月神今食亦これに同じ」とあります。この二回の神事にも彼女たちが参加して、やはり、新嘗祭の時と同じような禄を重ねてうけたのです。

こういう規定があることは、宮中でもっとも重要なこの三つの神事は御巫たちの参加が欠かせないものであり、大きな役割を果たしていたということでしょう。

御巫の神祭り

そこで御巫たちが参加する宮中の神事についても、少しふれておきましょう。じつは古代の宮廷の祭りについては大事な中心部分を記録したものはありませんし、毎日の朝夕にあったにちがいない八神殿をはじめとする神祭りがどのように行われていたか、書かれたものはありません。

宮廷内の恒例の祭りについては、儀礼的な部分は詳しい記録がありますが、神秘な神前奉仕については断片的なものばかりのようです。そこからも、おぼろげながら宮廷内の祭りがうかがえるように思います。興味のある話もいろいろありますが、二、三の例だけ申しましょう。

毎年冬の新嘗祭が宮廷の収穫祭であることはよく知られていますが、その前夜に鎮魂祭（たましずめのまつり）があります。宮内省または神祇官西院の北庁を祭場として、夕方から始まります。天皇の健康祈願のため、霊魂の安泰を祈る呪術的な行事です。大臣参列のもと、神祇官の官人は伯以下が参加しますが、ここでも実際の神事は神部や御巫たちが行います。神部は刀・弓・矢・鈴などの八代物を神殿内に安置し、御巫が搗（つ）いて炊（た）いた飯などの神饌を供えます。まず神楽の笛琴と歌があって、神部の拍手にあわせて全員で拍手すると、御巫がそれを合図に立って舞い始めます。そのつぎに御巫が宇気槽（うけふね）という空洞の容器を伏せた上に立って桙（ほこ）で槽を十度突きますが、一度突くごとに神祇伯が筥（はこ）の中の木綿（ゆう）の糸を結びます。この糸は瓶に納めて神祇官西院の斎部殿（いわいべどの）に一年間安置して祭られるのです。それが終わると他の御巫たちと猿女（さるめ）が立って殿上で倭舞（やまとまい）を舞いはじめ、それにつれて神祇官の中臣・忌部（いずれも神部）たちも庭で榊(さかき)を取って舞います。

　翌日の新嘗祭にも、また夜の神事がありました。これは内裏の西にある中和院の神嘉殿が祭場で、殿内に敷いた八重畳の上の衾(ふすま)というもの、これは古代の寝具ですが、その上に天皇が座って、神と共に新穀の食事をとる神事です。真夜中の午後十時と午前二時の二回、そのたびに天皇はお湯で身を清めてから神嘉殿に入り、神饌をとるのです。御殿の中では釆女(うねめ)という八人の女官だけが奉仕します。その外では内膳司という料理番の役人たちが、飯や料理の器をもって行列して運び込みます。

　神嘉殿における新嘗祭の行事は、皆さんもご存知の即位の後に挙行される大嘗祭と同じ形式のものですが、これとまったく同じことは六月と十二月の月次祭の夜にも、神今食という名で行われていました。

　新嘗祭や月次祭の翌早朝には、大殿祭(おおとのほがい)があります。神祇官の官人が先頭に立ち、筥(はこ)四合を机二脚にのせたものを神部にかつがせ、そのあとに中臣・忌部・宮主・神部・御巫らが二列になって従い、内裏に入ります。筥四合の中には玉・切木綿(きりゆう)・米四升・酒瓶がそれぞれ納められています。まず当時、表御座所であった仁寿殿に入り、忌部が玉を殿内の四隅に掛け、御巫は米・酒・切木綿を殿内に撒きます。それから忌部が祝詞(のりと)を小声で唱える。これを紫宸殿や御湯殿・厠殿・御厨子(みずし)所などでもくりかえして退出します。

これは宮廷の祭りのほんの一部にすぎませんが、現在の神社の祭りの様式から想像できないような祭りが、宮廷の奥で行われていました。それが神祇官によって運営され、宮主とか御巫とかの宮廷神職たちによって執行されていたのです。それらの行事はたんなる神祭りではなく、天皇の権威の宗教的根元としての意味をもつものであったのです。今回はふれませんでしたが、戸座（へざ）という七歳以上の童児（男）も天皇のそば近くで神事に従っていました。

神祇官の終末

神祇官という役所の存在については高校の教科書にものっており、どなたもご存知ですが、その中で行われた祭儀のことがこれまであまり注意されなかったのは、それらの祭儀が早く消滅してしまい、わからなくなっているからです。

神祇官も律令制度の崩壊とともに変化していきますが、それでも南北朝の内乱のころまでは何とか形態もあり、祭祀も維持していたようです。しかし内乱で伝統的な行事も中断したものが多く、神祇官も室町時代には復活して一応存続したとはいうものの、祭祀行事はかなり変質し形骸化していたようです。宮中の祭りの中にも当時すでに忘れられたものも少なくなかったようです。

神祇官の役職も、長官の伯は賜姓源氏の白川家（伯家・王家）に世襲され、次官の大副は卜部系の吉田家が独占するように変質してしまいます。

神祇官の祭りの中でも、もっとも後まで存続した新嘗祭と鎮魂祭も、応仁の乱の少し前の寛正ごろを最後に絶えてしまいました。神祇官も亡びました。この後、八神殿の祭祀や新嘗祭は宮廷外の白川家や吉田家に、形式的には伝えられて江戸時代に至ったとはいうものの、古代の祭りは完全に消滅してしまったのです。その後の復興は江戸中期以後の有職故実（ゆうそくこじつ）家や学者の考証によるものにすぎません。それも一部だけです。

明治以後の宮廷祭祀も、古代のそれとはまったく異質のもので、八神殿など御巫たちの祭る神々は宮中三殿の一つの神殿という新しい形で祭られるようになります。維新政府は神祭りは昔へもどすことを看板にかかげながら、実態は江戸時代の封建道徳を基準にしたものです。

御巫の童女たちの祭りも、中世には途絶えてしまったようですが、女性神職の伝統は、賢所（かしこどころ）に奉仕する「内侍（ないし）」という形にかわって、明治維新までつづき、現在も宮内庁の内掌典（ないしょうてん）という女性職員によって引き継がれています。しかし祭りの内容は古代とはすっかり変わってしまったようです。

神祇官の古い祭りが中世までに消滅してしまったことが、その祭りの実態がもう一つよくわからない、そして人々からも忘れ去られた理由だと思います。平城宮址などから宮廷祭祀の跡や、関係の木簡などが発見されたら、この方面の解明も進むことでしょう。

第9章　祈年班幣と国司の神祭り——律令国家の神社支配

祈年祭と神名帳

『延喜式』の式というのは、〝律令格式〟という場合の「式」で、律令の施行細則です。延喜五（九〇五）年に編纂が開始されたので『延喜式』とよびます。全体は五十巻からなり、巻第一から巻第十までが神祇に関する内容で、そのうち巻第九と巻第十が一般に「神名帳」とよばれる神々のリストです。

前の章でお話ししたように、神祇官では宮中のお祭りをはじめとする主な祭祀を全部管掌しているのですが、その実態は、『延喜式』の一番はじめにある「四時祭」の巻の冒頭の文からうかがうことができます。「四時」というのは春夏秋冬の四季をさし、一年間の恒例の祭典のことです。少し読んでみましょう。

およそ践祚大嘗祭を大祀となす。祈年、月次、神嘗、新嘗、賀茂等の祭りを中祀となす。大忌、風神、鎮花、三枝、相嘗、鎮魂、鎮火、道饗、園韓神、松尾、平野、春日、大原野等を小祀となす。

践祚大嘗とは、一代一度の即位の翌年に挙行される大規模な新嘗祭と、その関連行事のことです。

祈年・月次・新嘗は前にふれたように、宮中で神祇官の行う祭祀です。神嘗(かんなめ)というのは伊勢神宮の秋のお祭りです。「賀茂」というのは上・下の賀茂神社の祭りのことで、都が平安京に移ってからは、平安京の地主神ということで、伊勢神宮に準じた大きな扱いを受けます。

大忌(おおいみ)は大和の広瀬神社の祭り、風神は同じく大和の竜田神社の祭り、鎮花(はなしずめ)は大神(おおみわ)神社の祭り、三枝(さいくさ)はJR奈良駅のすぐそばにある大神神社摂社の率川(いさがわ)神社の三枝祭(さいくさのまつり)です。今では百合(ゆり)祭として有名です。

相嘗(あいなめ)と鎮魂(たましずめ)は神祇官で行う神事。鎮魂は前にも申しました。相嘗祭は南大和や摂津・河内などの大社を対象とした班幣の神事ですが、早くすたれてよくわかりません。鎮火(ほしずめ)、道饗(みちあえ)、園韓神(そのからかみ)は宮内省に祭る神の祭祀、あと京都の松尾(まつのお)、平野(ひらの)、そして藤原氏の氏神である春日・大原野等の神社の勅使を派遣する祭りが小祀だということです。

これらの神祇官の行う四時祭のうち、何といっても重要な意味をもつものが二月四日のトシゴイノマツリ、祈年祭です。それは天皇の名で行う稲の豊作祈願の祭儀です。この祈年祭に朝廷から幣帛つまり供物を下賜する三千百三十二座の神々のリストが

『延喜式』の「神名帳」で、これらの神社が「式」の内に載せられているという意味で、「式内社」とよばれます。神祇官の祭りの対象になるという意味で「官社」ともいいます。この時代の「幣」というのはゴヘイのことではなく、神に供える絹など、お供えの品物のことです。

式内社の分布

式内社の多いことでは、大和国が第一で二百八十六座。大和は古くからの伝統で、とくに大和盆地の南部東側に多い。第二が伊勢国で、そのうち四分の一ぐらいが伊勢神宮のある度会（わたらい）郡に集中しており、神宮の摂末社が五十数社あります。第三が出雲、第四に近江で、高島市や長浜市など湖北地方に多い。第五但馬、第六が越前です。琵琶湖の北の方から敦賀の方にかけて非常に多くの分布が見られることは注目されます。第七が山城で、都が平安京に移ったのちであるにもかかわらず七位になっています。第八位尾張、第九位河内、第十位が陸奥で、これも辺境の地に百座もあることは目をひきます。これは蝦夷征討なんかに関係があるだろうということはわかりますが、その日本海側の出羽にはたった九座しかないのはどうしてでしょうか。また伊勢は全国第二位なのに、その隣の志摩半島の志摩はたった三座しかなく、その近くの伊賀も少ない。大体交通の要衝に多いけれども、必ずしもそうともいえず、瀬戸内海の要地で厳島神社のある安芸がたった三座、薩摩が二座で一番少ない国となっています。このように分布には、非常に片よりがあることにご注意下さい。

この分布で見ると、九州では筑前が十九座あるほかは非常に少ない。ところが同じ九州でも離島の壱岐は二十四座、対馬は二十九座で非常に多い。どうしてこうなっているのか。壱岐・対馬が多いのは遣唐使など対外交渉の道筋と関係があるのではないかと考えられます。

このほか「神名帳」から知られることでは神々の名前、神社の名前がありますが、そこに何々比売(ひめ)の社とか何々命(みこと)の社だとかの神名が付いたもの、また火を祭ったり井戸を祭ったり、そうした祭祀対象が社名になったものもたくさんあります。そういうものを見ていくと、古代の人の信仰生活を想像出来るし、いろいろな研究上の手がかりを提供してくれて、面白いものです。

官幣の大社と小社

式内社のうち神祇官の祭る神七百三十七座、これがいわゆる「官幣社」です。神祇官から幣(供物)を奉る社というので官幣社とよぶのです。これにどんなものがあるかというと、表2のように「幣（みてぐら）を案上（あんじょう）に奠（たてまつ）る神」（案上官幣）三百四座、「案上に奠らざる祈年神」（案下官幣）四百三十三座があります。

まず「案上幣」の案というのは机のことで、いまでも神にお供えする机で八足机（はっそくづくえ）とよばれるものがあります。神職たちを神祇官に集めて班幣するとき、机の上に供物を置く、丁重な扱いの神社が大社です。そういう案上の官幣にあずかる神々が全国で三百四座しかなくて、祈年祭神三千百三十二座の中でほぼ一割弱です。この中には意外なことに出雲大社が上がってないのです。山陰道では丹後国で一社だけです。これにはいろいろな理由がありますけれど、ここでは省略します。ともかく畿内を中心として、あとはごくわずかの特別の神社だけしか案上の幣にあずかっていないのです。

表1　式内社の分布

多い国			少ない国		
1	大和	286座	1	薩摩	2座
2	伊勢	253座	2	志摩	3座
3	出雲	187座	2	安芸	3座
4	近江	155座	4	肥前	4座
5	但馬	131座	4	肥後	4座
6	越前	126座	4	筑後	4座
7	山城	122座	7	長門	5座
8	尾張	121座	7	日向	5座
9	河内	113座	7	大隅	5座
10	陸奥	100座	7	上総	5座

「座」というのは神社の数ではなく祭神の数です。たとえば春日大社なんかですと春日一社で四座、東大阪市の枚岡（ひらおか）神社ですと一社で二座です。それで一つの社に二つ以上の神が同座している場合には、二つ目、三つ目の神のお供えは簡略にされます。それ

表2 『延喜式』の官幣社

		案上官幣（大社）	案下官幣（小社）
宮	中	30	6
京	中	3	
畿内	山城	53	69
	大和	128	158
	河内	23	90
	和泉	1	61
	摂津	26	49
東海道	伊勢	14	
	伊豆	1	
	武蔵	1	
	安房	1	
	下総	1	
	常陸	1	
東山道	近江	5	
北陸道	若狭	1	
山陰道	丹後	1	
山陽道	播磨	3	
	安芸	1	
南海道	紀伊	8	
	阿波	2	
計		304座	433座

が「前」です。しかし案上幣の場合は表3のように一座ごとにずいぶん立派なものがお供えされます。
一番終わりに裹葉(つつみは)薦(ごも)五尺と書いてありますが、これは各社の神主や祝(はふり)たちが下付された幣物、お供えをこれにくるんで持って帰るためのものです。このような品まで記載があります。

つぎに「幣を案上に奠らざる祈年神四百三十三座」というのがありますが、これが案下の官幣社です。机なしに床にじかに薦を敷いて供物をならべます。これは幣物の品がぐっと落ちます。

これらをどのようにして支給するかということが『延喜式』には書かれています。

前章でふれた神祇官の西院の図を見ると、南門を入って南舎があって、その右手東側に「御幣殿」がありますが、これは諸国に配布する幣を準備してしまっておくところです。そして呼びつけた神主を西院中央の庭のところに集合させて、幣物を与える

表３　『延喜式』に見える官幣

	案上官幣（304座）		案下官幣（433座）	
	社（198）	前（106）	社（375）	前（58）
絁	5尺	5尺	3尺	3尺
五色薄絁	1尺	1尺		
倭文	1尺	1尺		
木綿	2両	2両	2両	2両
麻	5両	5両	5両	5両
庸布	1丈4尺		1丈4尺	
倭文纏刀形	1口	1口		
絁纏刀形	1口	1口		
布纏刀形	1口	1口		
四座置	1束	1束	1束	1束
八座置	1束	1束	1束	1束
楯	1枚	1枚	1枚	1枚
槍鋒	1竿	1竿	1口	1口
弓	1張			
靫	1口		(1口)*	
鹿角	1隻			
鍬	1口		(1口)*	
酒	4升			
鰒	5両			
堅魚	5両			
腊	2升			
海藻	6両			
滑海藻	6両			
雑海藻	6両			
塩	1升			
酒坩	1口			
裹葉薦	5尺	5尺	3尺	3尺

＊　特定の社のみ

ようになっていたのです。

奉幣と班幣のちがい

祈年祭の時に、天皇の使という形で勅使が幣物を持って出かけてお供えをするのは、伊勢神宮だけです。これが奉幣です。それ以外の神社にたいしては班幣といって、〝神主と祝集まれ〟と命令して、祈年祭の幣物を神祇官に集まった神職たちに配布するということなのです。こうして日本中の官社の神主と祝を神祇官の庭に呼び集めて、その集まった神主・祝たちに祈年祭の祝詞を読み聞かせるわけですが、その祝詞には集まった神主たちの奉仕する地方の神々を祭る言葉は一つも見出せません。対象の神々の名が記される部分をとり出して見ますと、

御年の皇神等の前に白さく……

とまず天皇が稲の稔りの神に、祈願する言葉を申します。つづいて

大御巫の辞竟へまつる、皇神等の前に白さく……
座摩の御巫の辞竟へまつる、皇神等の前に白さく……
御門の御巫の辞竟へまつる、皇神等の前に白さく……
生く島の御巫の辞竟へまつる、皇神等の前に白さく……

と、神祇官西院の巫女たちの奉仕する神々にたいしての祈りの言葉をのべます。そのつぎが問題なんです。

辞別きて、伊勢に坐す天照らす大御神の大前に白(まを)さく……
御県(みあがた)に坐す皇神等の前に白さく、高市(たけち)・葛木(かづらき)・十市(とをち)・志貴(しき)・山辺(やまのべ)・曾布(そふ)と御名は白して……
山の口に坐す皇神等の前に白さく、飛鳥(あすか)・石村(いはれ)・忍坂(おさか)・長谷(はつせ)・畝火(うねび)・耳無(みみなし)と御名は白して……
水分(みくまり)に坐す皇神等の前に白さく、吉野・宇陀(うだ)・都祁(つげ)・葛木(かづらき)と御名は白して……

と天皇がたたえごとをのべ祈願する神々は、伊勢神宮、大和の六つの御県の神、山口の神六社、水分の神四社、それだけなのです。そして祝詞の最後の辞句は、

辞別きて、忌部(いみべ)の弱肩に太手襁(ふとだすき)取りかけて、持ち斎(ゆま)はり仕へまつれる幣帛を、神主・祝部等受け賜はりて、事過(あやま)たず捧げ持ちて奉れと宣(の)る。

つまり神祇官の忌部が清め作った幣帛を、神職たちよ、まちがいなくもって帰り、それぞれの神社にお供えせよ、と命令することばで終わっています。

このように祈年祭の祝詞には、祈願の対象としては天皇が祭る神祇官西院の神々と、同じく伊勢神宮の神、そして古来天皇家とゆかりの深い南大和のいくつかの神々だけ

を挙げているのです。そういう神々たちをお祭りする言葉を地方の神々に言い聞かせて「お前たちよく承って天皇の祭る尊い神々を助けて五穀豊穣になるようにせよ」と命令するわけなのです。

ですから祈年祭というのも「神名帳」にあげられた神々にたいしては、豊作をお願いするのではなくて命令する。お願いをするのなら秋にもお礼のお供えがあっていいわけですが、それにあたるものはないのです。宮中の祈年祭に対応する秋の新嘗祭にお礼の幣帛を与える神社はわずか三百四座にすぎず、しかもその大部分が宮中と畿内の大社で占められています。

以上の私のこうした学説を批判する人もいますが、伊勢神宮には「奉幣」といっているのに、他の神々にははっきり「班幣（頒幣）」といっているのです。班の字はワカツ、で班田制の班です。班（頒）というのは分配するという意味です。これは一つには伊勢神宮と神祇官の西院に祭る神々以外は、国家としては崇拝すべきものではなかったこと、そして朝廷が尊んでお祭りする対象の神と、朝廷に服従して命令される神々とがはっきり分けられていることを示しています。国学者以来の「敬神」の念ということでは、祈年祭の構造はわからない。これまでの研究ではこの点がすっきりしなかったのです。

こういうことで、律令時代の神祇祭祀の方針がはっきり二つに分けられていた、と見ることができます。その中心が神祇官で、神祇官では敬って祭るのが伊勢神宮プラス神祇官の西院に祭る神々だけだった。この「プラス神祇官西院」という部分がいままでわりと見落とされているということについては、前章に述べたとおりです。そしてその他の大部分の神社は、服従させ統制する対象でしかない。

国幣社の神々

つぎに「国司の祭る祈年神(としごいのかみ)二千三百九十五座」大一百八十八座、小二千二百七座、これは国司の庁が神祇官に代わって幣を班(わか)つ社のことで、官幣社にたいして「国幣社」といいます。はるばると遠方から神職たちを都に集めるのは大変なので、主として交通上の理由からそういうことになったと見られています。やはり大社と小社があり、ほとんどが都から離れた畿外の社ばかりで、当然畿内にはない。

官幣社が九州にないのはこれは大宰府に全部まかしてしまうからで、国幣社もこのような関係で九州は少ないのでしょう。九州全体で全部合わせてもたった六十九。大和国の場合は大社が百二十八、小社が百五十八で大和一国で三百近い神々があるわけで、地方によってずいぶん片寄りがあります。国司が国幣社にお供えする品々は、祭神の一座ごとに大社が糸（生糸）三両、綿（真綿）三両だけ、小社の場合には一ランク落ちて糸二両、綿二両だけ。両というのは重さの単位です。官幣社にくらべてずっと待遇が落ちていることがわかります。

神々の序列化

それでは官幣・国幣を班つこの行事に、どういう意味があるかということです。伊勢神宮、この天皇の守り神としての神宮を頂点において、その下に日本中の神々を全部臣下として服従させる。こういう形をつくるのが目的だったのではないかと思われます。したがって伊勢神宮にたいするお祭りは特別丁寧で、ほかの神社の場合、勅使が幣帛を持っていく例外的な少数の大社でもたいてい年一度ですが、伊勢だけは祈年祭、豊作を感謝する神嘗祭と二回の月次祭と合計四回も勅使が行きます。幣帛も特別立派なものでした。

ついでですが、現在の伊勢神宮では神嘗祭と新嘗祭と両方ありますが、これは宮中で新嘗祭をやるのに伊勢神宮でやらないというのはおかしいと、明治になってはじめたものです。しかしこれはおかしなもので、もともとはまず伊勢神宮で神嘗祭をやって、それから二カ月あとに宮中で新嘗祭を行う。この時は伊勢では天皇からの幣物を供えるだけで、とくに祭典はしないのが本来の姿でした。

さて、このように本来朝廷が敬って祭っていたお社というのは、伊勢神宮と神祇官の神々以外ほとんどありません。

最高神としての伊勢神宮を頂点として、全国の神々を序列化する。こういうことが律令制度の神祇政策の目的ということになります。ではこの序列化はどのように行われたかといいますと、まず伊勢神宮は天皇と一体で、全国の神さまたちのピラミッドの頂点にいて、これを支えて上の方にあるのが官幣大社の中のさらに特定の神社です。祈年祭の時には神主たちを呼びつけるけれども、あとの祭典の時には勅使を送る神社です。

賀茂のような特別のところとか、天皇家で特別な祈願をする竜田とか広瀬とか住吉、天皇家から分かれた橘氏の氏神である平野とか、そんな特別なところだけ天皇の使者がいくわけです。あと政治上の事件から使者がいくようになる宇佐とか、天皇家の外戚になって重要な扱いを受けるのが春日、この春日の前身だということで関東の鹿島、香取、こういうところもお祭りの時だけ勅使が行くことになる。

そのつぎがそれ以外の官幣の大社で、その下には国幣の大社、官幣・国幣の小社の地方の神々、そしてさらに下には全然神祇官では扱わない村々の多くのお社がある。

「神名帳」に載っている神社が全部であるように思って、そういうことを書いている国学者もいたのですが、そんなことはない。さっきもいいましたように、九州全部で六十いくつしか神社がないということでしょう。「神名帳」にのっているのは、あくまでも神祇官でお供え物を配ったりする祈年祭の、その対象になる神社だけなのです。このような神々の階層化・序列化ということは、現実の天皇を頂点とした中央貴族集団による律令的な全国支配の形態を、そっくり神々の体系として反映させたものといえます。

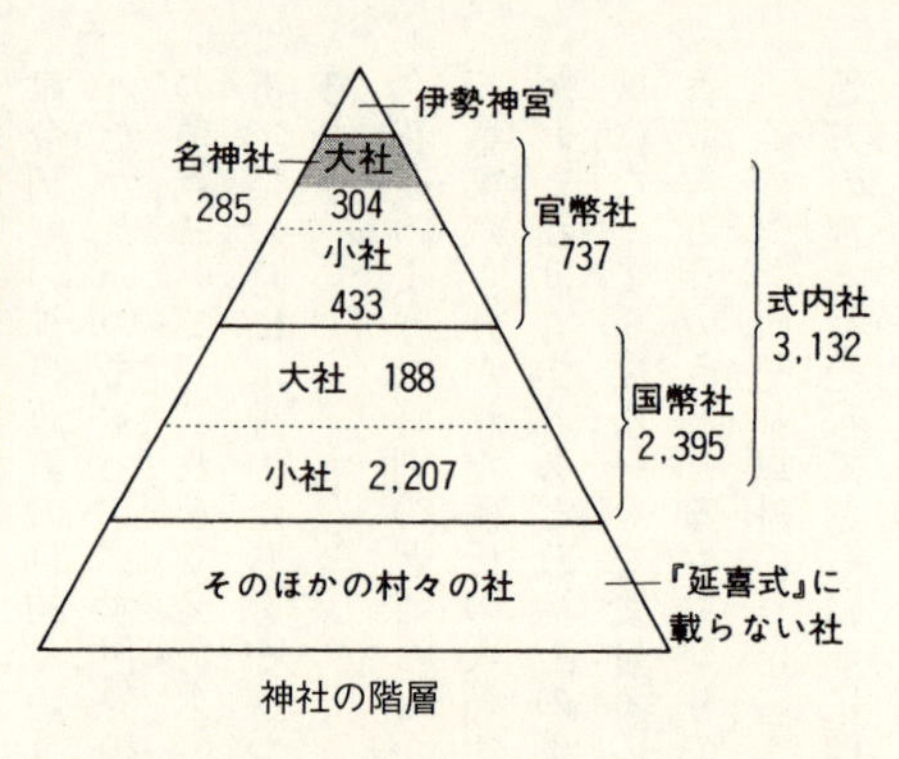

神社の階層

名神の設定と神階

さらにこのような政治的な階層化を歴然とさせるのが、平安時代になって九世紀の中ごろから爆発的に行われる「神階」と「名神（みょうじん）」の制度です。名神大社とほかの大社、地方の小社、まったくの無格社という社格の区別です。『延喜式』では大社は三百四座で、その中の二百八十五座を「名神」にする。名神祭というのが神祇官で行われますが、そこでお祭りされるのが名神社で、これが最高の待遇になっています。

そして「神階」のことがあります。神階というのは神々に位を与えることです。位を与えるとはどういうことかというと、臣下の扱いということでしょう。たいていの神に与える位階は五位か六位なのです。五位、六位はどのくらいかというと、国司(受領)クラスです。いまの県知事に当たりますが、その受領クラスの位階を神たちはもらう。その中で五位になったなどということになると記録に残る。四位、三位以上になった神は非常に少ない。四位というとだいたい各省の長官クラスです。各省の長官の方が地方のほとんどの神より偉いのですね。律令国家が地方の神々をどのようにみていたかが、このことからもよくわかります。神々も支配対象にすぎないのです。

その中で例外的に特定の社が皇族扱いで品位、つまり親王の位階をもらうというようなことがあります。宇佐八幡なんかそうです。たびたびのご託宣などで一品をもらう。そういうことからいつの間にか祭神が応神天皇ということになっているのですが、はじめから応神天皇だったら神階はもらわないはずだと思います。というのは非常に尊ばれながら位階をまったくもらったことのない神社があるのです。それは伊勢神宮です。あれだけ尊崇されていても、位階は贈られたことがない。全国の有力な神々の中で位階のないのは伊勢神宮とほかに二社だけ（紀伊国の日前神社と國懸神社）です。いずれもアマテラス大神を祭神とします。

人間でもそうです。天皇は位を持たない。天皇は臣下に位階を授ける立場であって、上は正一位から下は少初位下（しょうそいげ）にいたる三十階の位階は臣下の序列なのです。だからその上に君臨する天皇は位階をもたないのが当然なのです。

それは伊勢神宮・アマテラス大神の場合もそうです。伊勢神宮も全国の神社の上に君臨する神々の王者と考えればよい。そのほかの神々はすべて臣下として位を授けられるのです。

少数貴族全国支配の秘密

律令国家では、このような政治的な人間の階層や制度、身分を道具にして、その頂点にごく少数の支配階級がすわっている。その人々はどんなグループの人々であるかというと、律令制度の下でいろいろな点で、いちじるしい優遇を受けるのは五位以上の官人なのです。五位以上の官人は位田という領地や位禄または位封（いふ）、封戸（ふこ）といった莫大な給与をもらう。

けれども五位以上の地位につける人というのは、職（しき）以上の役所の長官クラスです。

それでは五位以上の貴族はどのくらいの人数だったかといいますと、大宝律令が施行された時は百数十人なのです。するとその家族がそれぞれ十人いるとしてもせいぜい千数百人です。奈良時代の日本の人口はどのくらいだったか、奴隷を入れて約六百万人ぐらい。奴隷がどのくらいいたかという推定はおそらく出来ないと思います。下野（しもつけ）君古麻呂（きみこまろ）という四位クラスの人物ですが、六百人もの奴隷を解放したという記録があります。そんなに大勢解放したって、あとの生活に支障がなかったということは、おそらく数千人もの奴隷を持っていたのだろう、ということになります。とにかくそういうたくさんの奴隷を持っていたのは五位以上の大貴族です。

　奈良時代の人口は奴隷も入れたら六百万人を超すかもしれないといわれますが、その中で五位以上の中央の支配階級は、家族を入れてもせいぜい千人ぐらいしかいないのです。律令国家とは、そういう少数支配のための国家体制だということが大事なのです。〝咲く花の匂ふが如く〟と天平の盛りの世を謳歌できたのもこの階級の人々であって、租庸調に苦しむ民衆ではないのです。このようなきわめて少数の中央貴族のグループの全国支配が、どうして可能だったのか。逆にいえばどうして大多数の民衆が反乱を起こさずに従っていたのかというと、律令制度の支配機構がじつに巧妙にできており、さまざまな仕組みでしっかりと民衆をおさえていたことがあります。旧来の地方豪族の後身である郡司クラスの豪族には、行政上の権限を大幅に制限する代わりに、たくさんの領地などを保障したりしているのも、その政策の一端にすぎないのです。

このような律令国家の支配関係を、さらに精神生活の面から補強するために、律令国家は民衆の信仰する神々の世界にも、先に図示したようにピラミッド型の支配構造を持ち込み、人民の〝心〟をおさえこんだ、といえると思います。神々を媒介にして統治する。そういう政治の上で、神祇官と官社制度というものが大きな役割を果たしたと思われます。

つまり、天皇・伊勢神宮の下に中央貴族と関係の深い畿内の少数の大社の神々と、地方のごくわずかの特定の神にだけ名神大社の社格と高い神階を与える。その下の地方豪族の祭る神々は式内の官社に組み入れる。そしてその神々の間にも社格の大・小や神階（神々に与える位階）に差をつけて階層化する、ということです。村里の神々はその下にあって国家祭祀の対象にはならない。

要するに律令体制の下における官社制度というのは、伊勢神宮と一体である天皇が頂点にあって、中央・地方の神々がその家来になり服従するという形をとることによって人民の統治が順調にゆくようにする、というのが目的です。だから官社制度は敬神から発したものではないし、宮廷の祭りの形を地方に強制することもなかったのです。地方の有力な神々がアマテラス大神に服従し忠実な家来になるという形をとる、そういうことに意味があったにちがいないのです。

祈年祭の成立と展開

祈年祭の起源はいつごろかというと、このお祭りはおそらく天武天皇の時から始まったであろうといわれています。しかし、もう少し前の『日本書紀』天智天皇の九年にこうあります。

三月の甲戌の朔壬午に、山御井の傍に、諸神の座を敷きて、幣帛を班つ。中臣金連、祝詞を宣る。

つまり大津京の山の井泉のかたわらに神々を祭る座を設けて春三月に祭った、という記事が、祈年祭のはじめではないかと思います。とにかく律令制度が始まると同時に、天皇がここに「諸神」とあるように、日本中の神々を掌握することを始めたのです。律令制度というと大化の改新が問題になりますが、実際にはそれが軌道にのるのは天智朝あたりからです。大津京の時代に実際に全国から神主をみな招集できたかどうかは問題としても、この前後に祈年祭が始められ、諸国の神々に豊作、五穀豊穣を祈るよう命令した。そういうことがあるのではないかと思います。

ついで『続日本紀』の慶雲三（七〇六）年には、十九の神社を祈年祭の班幣の対象に入れたとあります。この十九の神社は甲斐、信濃、越中、但馬、土佐などという地方で、律令制度が出来ると同時に次々と増やしていったことがわかりますが、しかしはじめいくつぐらいあったかは全然わからない。祈年班幣の対象となる官社の数は年々に増加してゆきますが、「六国史」ではとくに九世紀中頃の文徳・清和両天皇の治世に、官社に列した記事が集中しています。この前後に急激に増加したことがうかがえます。

都が平安京に移ってちょうど百年たった八九三（寛平五）年の官符に引用された文書には、「この祭にあずかる神、京（京都）畿（畿内の大和・河内・山城・摂津・和泉の五カ国）外国（畿外の国）大小通計五百五十八社」とあります。この官幣社五百五十八社という数字は、『延喜式』の七百三十七社に比較的近いものになっています。これよりはるかに少なかったにせよ、奈良時代には官幣社・国幣社が分かれていなかったので、実態はともかく、制度としては相当数の神主・祝が神祇官に招集されたものと思います。

ところが神主たちは京は遠いからといって、怠けてしだいに来なくなり、都が平安京に移ってすぐの七九八（延暦十七）年には遠くの国はわざわざ来るのが大変だからということで、畿外の神々には国司が祈年祭の幣物を配ることになります。祈年祭の班幣は天皇が全国の神々を掌握するために行う象徴的な祭儀なので、これをやめたら律令制度の根本にかかわる大問題になる。だからやめるわけにはいかない。そこで地方では、天皇の代理としての国司が国府の庁に国内の神主たちを集めて幣帛を配ることにしたのです。そして中央の神祇官には畿内の神社、あるいは地方でも特定の大きな神社の神主や祝たちだけを集めて祈年祭を行うようになったのです。

九一四（延喜十四）年、三善清行という平安前期の学者が天皇に政治上の問題について意見書を出します。それが「意見十二箇条」です。じつに立派な文章なので『本朝文粋』に載せられていますが、その中の第一条で祈年祭の衰退を訴えています。

祝部、潔斎して捧げ持ちて、各もて奉進すべし。しかるを皆上卿の前に、即ち幣の絹をもて、懐の中に挿み着け、鉾の柄を抜き棄てて、ただその鋒を取り、その瓮の酒を傾けて、一挙に飲み尽す。曾て一人として全く神祇官の門より持ち出づる者なし。いはむやその神馬は、市人、郁芳門の外に、皆買ひ取りて去ぬるをや。

このように祈年祭などもまったく形式化してしまい、上京した祝部つまり神主たちは、いただいたお神酒は神祇官の門を出るまえにすぐ飲んでしまったり、鉾は柄を抜いて刃先だけにして、神馬も売り飛ばしてしまうといった有様で、これでよいのかと清行は国家の大事な祭祀が衰えることを歎いています。『延喜式』が出来る前後のころに、祈年班幣の制度はもうこんなにガタガタになっていたのです。律令制度のゆるみと社会の変化が、神祇祭祀の面にも敏感に反映しているのです。

二十二社の成立

このように祈年祭の班幣制度が崩壊する時期になって、「二十二社」の制度ができます。官社制度は『延喜式』が作られたころが最後で、それから以後は実際にはほとんど行われなくなります。承平・天慶の乱以後、地方では武士たちが実権を握り、律令制度が行われなくなる。官幣社にたいしても、都から幣物を取りにこいといってもとても無理なような状態になってくる。それよりも全国的な祈念班幣の制度の前提となる律令制度がすでに有名無実となっているのですから、もう存続する意味はありません。

そうなると朝廷から幣帛を供えるのも、形式的に特定の神社だけに限られるようになります。表4のように畿内の二十社と、その外では伊勢神宮と日吉神社だけの二十二社になります。二十二社というのは都の近くの著名な神社を選んで祭りの日に幣帛を供えるほか、国家の重大事や天変地異に朝廷から奉幣使が立てられた神社です。こうなってくると本来の天皇の全国的な祭祀権掌握という目的・意義が忘れられ、むしろ信仰的な要素が強くなり、お寺に祈願するのと同じような性格での勅使の参向という形になります。摂関政治や院政の時代、いわゆる王朝国家にふさわしい変容といえます。

この二十二社の制度は平安中期から始まって室町の中ごろ、宝徳年間（一四四九〜五二）までには断絶してしまい、のちに江戸時代になって形だけ復興しますけれども、もう性格はちがうものになります。

表4　二十二社の成立

966年（康保3）	伊勢　石清水　賀茂　松尾 平野　稲荷　春日　大原野 大神　石上　大和　広瀬　竜田 住吉　丹生川上　木船（貴船）
991年（正暦2）	吉田　広田　北野
994年（正暦5）	梅宮
995年（長徳元）	祇園
1039年（長暦3）	日吉

国司神拝

つぎに国司が地方長官として祭った神社のことをお話しします。国司とその任地の神社とはどういう関係にあったかというと、これは奈良時代のことは全然史料がなくて、平安時代に入ってからのことしかわかりません。これには二種類あるのですが、一つは『延喜式』の祈年祭の条に国司が幣帛を班与する対象として国幣の小社がある。先ほどお話しした国幣社です。

もう一つは国司が朝廷から任命されて地方に赴くと、必ずしなければならなかったのが国司神拝です。これは平安時代の十世紀ごろからやかましいきまりが出来て史料にも残るようになります。国内の有力な神社、だいたい式内社ですが、それを一回りする。お参りしながら国内の巡検もしました。

これは『延喜式』が出来るころの形式化した姿が知られますが、それ以前は形式的ではなく、お参りしなければならない理由がいろいろあったに違いないのです。というのは『常陸国風土記』に、都から来た役人が常陸国の入り口の駅舎に着くと、すぐそこから香（鹿）島神宮を遥拝することが出ています。ですから国司は稲の実りの状態を見たり、戸籍をつくるため、あるいは稲穀や銭貨を貸し付けてその利息を取る出挙などで年に何回か国内を回らなければならないのですが、その時に必ず管内の神社も巡拝することが大切な任務であったに違いない。

ところが出挙などが行われなくなり、荘園が出来たりすると、国司の中には任命されても任地にいかず、都に住みながら給料だけを受けるようになります。そのころから国司神拝だけに出かけたり、あるいはその特権を利用して私利をはかる国司などが出てきて、それだけが特別な行事として強制され、だんだん形式化していきます。
国司神拝については先学の論文もいくつかありますが、『更級日記』にも、著者の父菅原孝標（たかすえ）が常陸介として赴任していた時に国司神拝をやったことが出てきます。また『今昔物語集』には、陸奥国で「国司神拝」している時に荒れ果てたお宮を見つけてそれを修復したら、たちまちご利益があって出世したという話が載っています。

このような国司神拝は、おそらく奈良時代からあったと思いますが、本来は祈年祭班幣を行う官社制度に対応していたもので、国司が管内の官社を掌握し、管理するために巡検したものと私は思います。やがて平安時代中ごろになると参拝する神社の順序がやかましくなり、格の高い神さまのところから順番に参拝するようになる。これが一の宮の制度で、一の宮、二の宮と順番を付ける。とくに一の宮は重視され、どうしても国司は一の宮に先に参らなければならないということになりました。このように形式化されていくのは平安時代の半ば十世紀から十一世紀で、鎌倉時代にも引き継がれ、室町時代になると消えていきます。

そのように形式化が進んでくると、全部回るのが面倒くさいという国司が出てくる。そこで総社（そうじゃ）という制度が始まります。これはどういうことかというと、国内の有力な神社、だいたいが『延喜式』に載っているような神社が主ですが、国衙（こくが）つまり国庁の近くの一カ所にそのような国内の神々を勧請してお祭りする制度で、現在も国府あとの近くに総社神社、六所神社という名前で残っているものが多いです。

たとえば東京の府中市に大國魂神社がありますが、あれはじつは『延喜式』に出てくる大國魂神社ではなく、武蔵の国府のそばにつくられた総社で六所宮といったのを、明治になって式内社の大國魂神社にしたものです。岡山県に総社市というのがありますが、あそこには美作国の総社神社があります。またJRの上越線の高崎の近くに群馬総社という駅があります。そこにある総社神社では、上野国内の神々の名簿が巻物になってご神体になっています。そのほかにもあちこちに、その名残りが多いのです。

奈良時代の初め、官社制度がスタートして間もない時期には、国司と神社の関係はもっときちんとしたものであったにちがいないと思われます。それが形式だけになって、総社だとか一の宮とかの序列がやかましくいわれるようになったと思われます。

こういう制度はいったい何を意味するのかというと、国司神拝の制度が形式化してやかましくなる十世紀以後鎌倉時代まで、神宝、つまり盾や矛などを国司が作って都から持っていく。そしてその国の有力な一の宮、二の宮などに奉納することがありました。水谷類氏の論文によるとこれは国司が変わるたびに行い、前のご神宝と取り替えるのです。伊勢神宮では二十年ごとに神宝装束も作り替えていますが、それと同じようなことをやったのでしょう。

ということは、地方の神々の真の祭祀権はその地方の豪族にはない。本当は天皇が握っているのだ、ということを示威するために国司が行う。つまり祭祀権者である天皇に代わって、国司が地方の神社の祭祀権を行使することを意味するのではないかと思われます。その象徴的行為が国司神拝であり、国司の神宝の奉納であったと考えられます。

こういうことで律令制度に伴った神祇官と官社の制度も、律令制度の崩壊とともに実質を失って形骸化し、都では二十二社、地方では国司神拝が総社だけになり、形式だけがかえってやかましくいわれるようになります。律令制度がすっかり崩れると、何の意味をもっているのかもわからなくなって、祈年祭は行われたけれども、班幣などは行われなくなります。それも中世に絶えます。

明治の官社制度復活

明治になって古儀復興にともなって宮中三殿、伊勢神宮をはじめ全国の神社の大祭として、祈年祭は二月十七日に行われるようになります。これは国家神道のもとで全国一律に開始されたものですが、それぞれの神社の伝統や事情を無視して強制されたものです。古代の祈年祭とは名前は同じでも、全然ちがうものです。それは十一月の新嘗祭(にいなめさい)についても、まったく同じことです。

戦後は祈年祭は宮中以外では国家的行事としては行われなくなりましたが、まだ戦前の形式を続けている神社が少なくありません。それぞれの神社の春の豊作祈願の予祝行事は、早春のお田植え祭などの民俗行事や春祭として伝えられていますが、そういう伝統行事と明治の政府から強制された祈年祭とは、はっきり区別すべきでありましょう。

また明治初年から古代の官社制度が形だけ復興します。官幣大社とかあるいは国幣大社・小社とかいう制度ですが、古代のものと近代のものとでは、その成立も意味もまったく違っています。古代では天皇が国家の最高にあってその下に地方の神々を服従させるところに意味がありましたが、近代では天皇が諸神を尊崇して幣物を進上するという形をとり、幣帛料供進があります。しかも近代の制度では内務省の干渉が大きく、官幣社になったため祭祀の形がすっかり変えられてしまう場合が非常に多いのです。

それに官幣社と国幣社というのは、古代のものは神祇官に神主たちが幣物を取りに来させるのが官幣社で、それを国司が行うのが国幣社とはっきり分かれていました。ところが明治になると国家神道の立場からの序列として、官幣社・国幣社・府県社・郷社・村社という社格が新たに設けられます。そこでは天皇＝宮内省から幣帛を供える神社が最高の官幣社、つぎが政府＝大蔵省が供進する国幣社となります。

また官幣社・国幣社の中でもそれぞれ大社、中社、小社のランクがあり、その地位をめぐって昇格運動があったりしました。また古代にはなかった別格官幣社というものが出来ます。これは人間を神に祭ったもので、天皇に忠義を尽くした臣下を祭神とします。湊川神社、靖国神社などがそれにあたります。

さらに近代の制度では、勅祭社というのがあります。天皇から祭礼の日に勅使をさしつかわし奉幣をする神社で、葵祭の上・下賀茂神社をはじめ石清水、春日、熱田、氷川、出雲、橿原、平安、明治神宮などがそうです。これも古代になぞらえて明治になって復活したものですが、有職故実による形式は、京都賀茂神社の葵祭の、江戸時代まで続いていた勅使参向の儀式を基準として新たに創出されました。

このように明治になって古代の官社制度が復活しますが、それは形式の上で古代のものになぞらえただけで、実際には律令制下でのそれとは何のつながりもなく、目的・性格もまったく異なります。ただ新しい近代天皇制の下で利用され、祭りの形も本来のものとは違ってきているものです。そしてこの制度も、敗戦とともに崩壊しました。

あとがき

本書は古代史の読み直しと、わかり易い神社史入門、というつもりで書いたものです。

しばらく続いた〝歴史ブーム〟〝発掘ブーム〟で、人々の歴史、とくに古代史への関心は高まってきましたが、神・仏などにかかわるものをはじめとして、一般向きの図書ではいまだに戦前のレベルの考えのままの読み物が横行しているのが現状で、学問の進展との間には、大きな溝を生じております。

この本では、身近な存在でありながらその実体が知られることの少ない、神社の問題を、〝古代〟に限って考えてみました。

一九八三年四月から一九八五年三月まで四十五回にわたって、朝日カルチャーセンター大阪で、「神社の歴史と文化」の講座で行った講義の内容を、大阪書籍から「朝日カルチャーブックス」の一冊として刊行しました。

その時には、この講座の受講者の皆さんからいただいたご意見も多く、お蔭でわかり易い表現に近づくことができましたことをお礼申上げます。

本書を刊行して下さった大阪書籍が出版部門から撤退されたため、しばらく絶版になっておりましたが、このほど、学生社の厚意により再び世間に送り出すことになりました。

今回の新版にさいし、前回の本にいくらか改訂を加えたりしました。一般読者のみなさんや、神社関係のみなさんに、本書が少しでもお役に立つことが出来れば幸いです。

岡田精司

本書は二〇一一年七月二十五日、学生社から刊行された
『新編　神社の古代史』を文庫化したものである。

マクニール世界史講義
ウィリアム・H・マクニール
北川知子訳
ベストセラー『世界史』の著者が人類の歴史を読み解くための三つの視点を易しく語る白熱の入門講義。本物の歴史感覚を学べます。文庫オリジナル。

古代ローマ旅行ガイド
フィリップ・マティザック
安原和見訳
タイムスリップして古代ローマを訪れるなら？ そんな想定で作られた前代未聞のトラベル・ガイド。必見の名所・娯楽ほか情報満載。カラー頁多数。

アレクサンドロスとオリュンピアス
森谷公俊
彼女は怪しい密儀に没頭し、残忍に邪魔者を殺す悪女なのか、息子を陰で支え続けた賢母なのか。大王母の激動の生涯を追う。（澤田典子）

古代地中海世界の歴史
本村凌二
中村るい
メソポタミア、エジプト、ギリシア、ローマ――古代に花開き、密接な交流や抗争をくり広げた文明を一望に見渡し、歴史の躍動を大きくつかむ！

増補 十字軍の思想
山内進
欧米社会にいまなお色濃く影を落とす「十字軍」の思想。人々を聖なる戦争へと駆り立てるものとは？ その歴史を辿り、キリスト教世界の深層に迫る。

向う岸からの世界史
良知力
「歴史なき民」こそが歴史の担い手であり、革命の主体であった。著者の思想史から社会史への転換点を示す記念碑的作品。（阿部謹也）

増補 魔都上海
劉建輝
摩天楼、租界、アヘン。近代日本が耽溺し利用し侵略した街。驚異的発展の後なお郷愁をかき立ててやまない上海の歴史の魔力に迫る。（海野弘）

子どもたちに語るヨーロッパ史
ジャック・ル・ゴフ
前田耕作監訳
川崎万里訳
歴史学の泰斗が若い人に贈る、とびきりの入門書。地理的要件や歴史、とくに中世史を、たくさんのエピソードとともに語った魅力あふれる一冊。

隊商都市
ミカエル・ロストフツェフ
青柳正規訳
通商交易で繁栄した古代オリエント都市のペトラ、パルミュラなどの遺跡に立ち、往時に思いを馳せたロマン溢れる歴史紀行の古典的名著。（前田耕作）

法然の衝撃　阿満利麿

法然こそ日本仏教を代表する巨人であり、ラディカルな革命家だった。鎮魂慰霊を超えて救済の原理を指し示した思想の本質に迫る。

親鸞・普遍への道　阿満利麿

絶対他力の思想はなぜ、どのように誕生したのか。日本の精神風土と切り結びつつ普遍的救済への回路を開いた親鸞の思想の本質に迫る。（西谷修）

歎異抄　阿満利麿訳／注／解説

没後七五〇年を経てなお私たちの心を捉える、親鸞の言葉。わかりやすい注と現代語訳、今どう読んだらよいか道標を示す懇切な解説付きの決定版。

親鸞からの手紙　阿満利麿

現存する親鸞の手紙全42通を年月順に編纂し、現代語訳と解説で構成。これにより、親鸞の人間的苦悩と宗教的深化が、鮮明に現代に立ち現れる。

行動する仏教　阿満利麿

戦争、貧富の差、放射能の恐怖……。このどうしようもない世の中ででも、絶望せずに生きてゆける、21世紀にふさわしい新たな仏教の提案。

無量寿経　阿満利麿注解

なぜ阿弥陀仏の名を称えるだけで救われるのか。法然や親鸞がその理解に心血を注いだ経典の本質を、懇切丁寧に説き明かす。文庫オリジナル。

道元禅師の『典座教訓』を読む　秋月龍珉

「食」における禅の心とはなにか。道元が禅寺の食事係である典座の心構えを説いた一書を現代人の日常の視点で読み解き、禅の核心に迫る。（竹村牧男）

原典訳 アヴェスター　伊藤義教訳

ゾロアスター教の聖典『アヴェスター』から最重要部分を精選。原典から訳出した唯一の邦訳である。比較思想に欠かせない必携書。（前田耕作）

カトリックの信仰　岩下壮一

神の知恵への人間の参与とは何か。近代日本カトリシズムの指導者・岩下壮一が公教要理を詳説し、キリスト教の精髄を明かした名著。（稲垣良典）

十牛図　上田閑照／柳田聖山

禅の古典「十牛図」を手引きに、自己と他、自然と人間、自身への関わりを通し、真の自己への道を探る。現代語訳と詳注を併録。（西村惠信）

原典訳 ウパニシャッド　岩本裕 編訳

インド思想の根幹であり後の思想の源ともなったウパニシャッド。本書では主要篇を抜粋、梵我一如、輪廻・業・解脱の思想を浮き彫りにする。（立川武蔵）

世界宗教史（全8巻）　ミルチア・エリアーデ

宗教現象の史的展開を膨大な資料を博捜し著された人類の壮大な精神史。エリアーデの遺志にそって共同執筆された諸地域の宗教の巻を含む。

世界宗教史 1　ミルチア・エリアーデ／中村恭子 訳

人類の原初の宗教的営みに始まり、メソポタミア、古代エジプト、インダス川流域、ヒッタイト、地中海地域、初期イスラエルの諸宗教を収める。

世界宗教史 2　ミルチア・エリアーデ／松村一男 訳

20世紀最大の宗教学者のライフワーク。本巻はヴェーダの宗教、ゼウスとオリュンポスの神々、ディオニュソス信仰等を収める。（荒木美智雄）

世界宗教史 3　ミルチア・エリアーデ／島田裕巳 訳

仰韶、竜山文化から孔子、老子までの古代中国の宗教と、バラモン、ヒンドゥー、仏陀とその時代、オルフェウスの神話、ヘレニズム文化などを考察。

世界宗教史 4　ミルチア・エリアーデ／柴田史子 訳

ナーガールジュナまでの仏教の歴史とジャイナ教から、ヒンドゥー教の総合、ユダヤ教の試練、キリスト教の誕生などを収録。（島田裕巳）

世界宗教史 5　ミルチア・エリアーデ／鶴岡賀雄 訳

古代ユーラシア大陸の宗教、八―九世紀までのキリスト教、ムハンマドとイスラーム、イスラームと神秘主義、ハシディズムまでのユダヤ教など。

世界宗教史 6　ミルチア・エリアーデ／鶴岡賀雄 訳

中世後期から宗教改革前夜までのヨーロッパの宗教運動、宗教改革前後における宗教、魔術、ヘルメス主義の伝統、チベットの諸宗教を収録。

世界宗教史7　ミルチア・エリアーデ　奥山倫明／木塚隆志／深澤英隆訳
エリアーデ没後、同僚や弟子たちによって完成された最終巻の前半部。メソアメリカ、インドネシア、オセアニア、オーストラリアなどの宗教。

世界宗教史8　ミルチア・エリアーデ　奥山倫明／木塚隆志／深澤英隆訳
西・中央アフリカ、南・北アメリカの宗教、日本の神道と民俗宗教。啓蒙期以降ヨーロッパの宗教的創造性と世俗化などを収録。全8巻完結。

シャーマニズム（上）　ミルチア・エリアーデ　堀一郎訳
二〇世紀前半までの民族誌的資料に依拠し、宗教史学の立場から構築されたシャーマニズム研究の金字塔。エリアーデの代表的著作のひとつ。

シャーマニズム（下）　ミルチア・エリアーデ　堀一郎訳
宇宙論的・象徴論的概念を提示した解釈は、霊魂の離脱（エクスタシー）という神話的な人間理解として現在も我々の想像力を刺激する。（奥山倫明）

回教概論　大川周明
最高水準の知性を持つと言われたアジア主義者の力作。イスラム教の成立経緯や、経典などの要旨が的確に記された第一級の概論。（中村廣治郎）

原典訳　チベットの死者の書　川崎信定訳
死の瞬間から次の生までの間に魂が辿る四十九日の旅――中有（バルドゥ）のありさまを克明に描き、死者に正しい解脱の方向を示す指南の書。

インドの思想　川崎信定
多民族、多言語、多文化。これらを併存させるインドという国を作ってきた考え方とは。ヒンドゥー教や仏教等、主要な思想を案内する恰好の入門書。

旧約聖書の誕生　加藤隆
旧約聖書は多様な見解を持つ文書を寄せ集めて作られた書物である。各文書が成立した歴史的事情から旧約を読み解く。現代日本人のための入門書。

神道　トーマス・カスーリス　衣笠正晃訳　守屋友江監訳
日本人の精神構造に大きな影響を与え、国の運命をも変えてしまった「カミ」の複雑な歴史を、米比較宗教学界の権威が鮮やかに描き出す。

ミトラの密儀
フランツ・キュモン
小川英雄訳

東方からローマ帝国に伝えられ、キリスト教と覇を競った謎の古代密儀宗教。その全貌を初めて明らかにした、第一人者による古典的名著。（前田耕作）

空海コレクション1
空海
宮坂宥勝監修

主著『十住心論』の精髄を略述した『秘蔵宝鑰』、及び顕密を比較対照して密教の特色を明らかにした『弁顕密二教論』の二篇を収録。（立川武蔵）

空海コレクション2
空海
宮坂宥勝監修

真言密教の根本思想『即身成仏義』『声字実相義』『吽字義』及び密教独自の解釈による『般若心経秘鍵』と『請来目録』を収録。（立川武蔵）

空海コレクション3 秘密曼荼羅十住心論(上)
福田亮成校訂・訳

日本仏教史上最も雄大な思想書。無明の世界から抜け出すための光明の道を、心の十の発展段階（十住心）として展開する。上巻は第五住心までを収録。

空海コレクション4 秘密曼荼羅十住心論(下)
福田亮成校訂・訳

下巻は、大乗仏教から密教へ。第六住心の唯識、第七中観、第八天台、第九華厳を経て、第十の法身大日如来の真実をさとる真言密教の奥義までを収録。

鎌倉仏教
佐藤弘夫

宗教とは何か。それは信念をいかに生きるかということだ。法然・親鸞・道元・日蓮らの足跡をたどり、鎌倉仏教を「生きた宗教」として鮮やかに捉える。

観無量寿経
佐藤春夫訳・注
石田充之解説

我が子に命狙われる「王舎城の悲劇」で有名な浄土仏教の根本経典。思い通りに生きることのできない我々を救う究極の教えを、名訳で読む。（阿満利麿）

大乗とは何か
三枝充悳

仏教が世界宗教としての地位を得たのは大乗仏教においてである。重要経典・般若経の成立など諸考察を収めた本書は、仏教への格好の入門書となろう。

道教とはなにか
坂出祥伸

「道教がわかれば、中国がわかる」と魯迅は言った。伝統宗教として現在でも民衆に根強く崇拝されている道教の全貌とその究極的真理を詳らかにする。

増補 日蓮入門　末木文美士

多面的な思想家、日蓮。権力に挑む宗教家、内省的な理論家、大らかな夢想家など、人柄に触れつつ遺文を読解き、思想世界を探る。（花野充道）

反・仏教学　末木文美士

人間は本来的に、公共の秩序に収まらないものを抱えた存在だ。〈人間〉の領域＝倫理を超えた他者／死者との関わりを、仏教の視座から問う。

禅に生きる 鈴木大拙コレクション　鈴木大拙 守屋友江編訳

静的なイメージで語られることの多い大拙。しかし彼の仏教は、この世をよりよく生きていく力を与えるアクティブなものだった。その全貌に迫る著作選。

文語訳聖書を読む　鈴木範久

明治期以来、多くの人々に愛読されてきた文語訳聖書。名句の数々とともに、日本人の精神生活と表現世界を豊かにした所以に迫る。文庫オリジナル。

空海入門　竹内信夫

空海が生涯をかけて探求したものとは何か――。稀有な個性への深い共感を基に、著作の入念な解釈と現地調査によってその真実へ迫った画期的入門書。

原始仏典　中村元

釈尊の教えを最も忠実に伝える原始仏教の諸経典の数々。そこから、最重要な教えを選りすぐり、極めて平明な注釈で解く。（宮元啓一）

原典訳 原始仏典（上）　中村元編

原パーリ文の主要な聖典を読みやすい現代語訳で。上巻には「偉大なる死」（大パリニッバーナ経）「本生経」「長老の詩」などを抄録。

原典訳 原始仏典（下）　中村元編

下巻には「長老尼の詩」「アヴァダーナ」「百五十讃」「ナーガーナンダ」などを収める。ブッダのことばに触れることのできる最良のアンソロジー。

ほとけの姿　西村公朝

ほとけとは何か。どんな姿で何処にいるのか。千体を超す国宝仏の修復、仏像彫刻家、僧侶として活躍した著者ならではの絵解き仏教入門。（大成栄子）

選択本願念仏集
法然
石上善應訳・注・解説

全ての衆生を救わんと発願した法然は、ついに、念仏すれば必ず成仏できるという専修念仏を創造し、本書を著した。菩薩魂に貫かれた珠玉の書。

一百四十五箇条問答
法然
石上善應訳・解説

人々の信仰をめぐる百四十五の疑問に、法然が分かりやすい言葉で答えた問答集を、現代語訳して文庫化。これを読めば念仏と浄土仏教の要点がわかる。

龍樹の仏教
細川巌

第二の釈迦と讃えられながら自力での成仏を断念した龍樹は、誰もが仏になれる道の探求に打ち込んでいく。法然・親鸞を導いた究極の書。（柴田泰山）

阿含経典1
増谷文雄編訳

ブッダ生前の声を伝える最古層の経典の集成。第1巻は、ブッダの悟りの内容を示す経典群、人間の肉体と精神を吟味した経典群を収録。（立川武蔵）

阿含経典2
増谷文雄編訳

第2巻は、人間の認識（六処）の分析と、ブッダ最初の説法の記録である実践に関する経典群、祇園精舎を訪れた人々との問答などを収録。（佐々木閑）

阿含経典3
増谷文雄編訳

第3巻は、仏教の根本思想を伝える初期仏伝資料と、ブッダ最後の伝道の旅、沙羅双樹のもとでの〈大いなる死〉の模様の記録などを収録。（下田正弘）

バガヴァッド・ギーターの世界
上村勝彦

宗派を超えて愛誦されてきたヒンドゥー教の最高経典が、仏教や日本の宗教文化、日本人の思考に与えた影響を明らかにする。（前川輝光）

邪教・立川流
真鍋俊照

女犯の教義と髑髏本尊の秘法のゆえに、徹底的に弾圧、邪教法門とされた真言立川流の原像を復元し、異貌のエソテリズムを考察する。貴重図版多数。

増補 チベット密教
ツルティム・ケサン
正木晃

インド仏教に連なる歴史、正統派・諸派の教義、個性的な指導者、性的ヨーガを含む修行法。真実の姿を正確に分かり易く解説。（上田紀行）

密教 正木晃

謎めいたイメージが先行し、正しく捉えづらい密教。その歴史・思想から、修行や秘儀、チベットの性的ヨーガまでを、明快かつ端的に解説する。

増補 性と呪殺の密教 正木晃

性行為を用いた修行や呪いの術など、チベット密教に色濃く存在する闇の領域。知られざるその秘密に分け入り、宗教と性・暴力の関係を抉り出す。

大嘗祭 真弓常忠

天皇の即位儀礼である大嘗祭は、秘儀であるがゆえ多くの謎が存在し、様々な解釈がなされてきた。歴史的由来や式次第を辿り、その深奥に迫る。

正法眼蔵随聞記 水野弥穂子訳

日本仏教の最高峰・道元の人と思想を理解するうえで最良の入門書。厳密で詳細な注、わかりやすく正確な訳を付した決定版。（増谷文雄）

空海 宮坂宥勝

現代社会における思想・文化のさまざまな分野から注目をあつめている空海の雄大な密教体系！ 空海密教研究の第一人者による最良の入門書。

一休・正三・白隠 水上勉

乱世に風狂一代を貫いた一休。武士道を加味した禅をとなえた鈴木正三。諸国を行脚し教化につくした白隠。伝説の禅僧の本格評伝。（柳田聖山）

治癒神イエスの誕生 山形孝夫

「病気」に負わされた「罪」のメタファから人々を解放すべく闘ったイエス。古代世界から連なる治癒神の系譜をもとに、イエスの実像に迫る。

読む聖書事典 山形孝夫

聖書を知るにはまずこの一冊！ 重要な人名、地名、エピソードをとりあげ、キーワードで物語の流れや深層がわかるように解説した、入門書の決定版。

近現代仏教の歴史 吉田久一

幕藩体制下からオウム真理教まで。社会史・政治史を絡めながら思想史的側面を重視し、主要な問題を網羅した画期的な仏教総合史。（末木文美士）

沙門空海 渡辺照宏／宮坂宥勝

日本仏教史・文化史に偉大な足跡を残す巨人・弘法大師空海にまつわる神話・伝説を洗いおとし、真の生涯に迫る空海伝の定本。（竹内信夫）

自己愛人間 小此木啓吾

思い込みや幻想を生きる力とし、自己像に執着しつづける現代人の心のありようを明快に論じた精神分析学者の代表的論考。（柳田邦男）

戦争における「人殺し」の心理学 デーヴ・グロスマン／安原和見訳

本来、人間には、人を殺すことに強烈な抵抗がある。それを兵士として殺戮の場＝戦争に送りだすにはどうするか。元米軍将校による戦慄の研究書。

ひきこもり文化論 斎藤環

「ひきこもり」にはどんな社会文化的背景があるのか。インターネットとの関係など、多角的にその特質を考察した文化論の集大成。（玄田有史）

精神科医がものを書くとき 中井久夫

高名な精神科医であると同時に優れたエッセイストとしても知られる著者が、研究とその周辺について記した一七篇をまとめる。（斎藤環）

隣の病い 中井久夫

表題作のほか「風景構成法」「阪神大震災後四カ月」「現代ギリシャ詩人の肖像」など、著者の豊かで多様な世界を浮き彫りにする。（藤川洋子）

世に棲む患者 中井久夫

アルコール依存症、妄想症、境界例など「身近な」病を腑分けし、社会の中の病者と治療者との微妙な関わりを豊かな比喩を交えて描き出す。（岩井圭司）

「つながり」の精神病理 中井久夫

社会変動がもたらす病いと家族の移り変わりを中心に、老人問題を臨床の視点から読み解き、精神科医としての弁明を試みた珠玉の一九篇。（春日武彦）

「思春期を考える」ことについて 中井久夫

表題作の他「教育と精神衛生」などに加えて、豊かな視野と優れた洞察を物語る「サラリーマン労働」や「病跡学と時代精神」などを収める。（滝川一廣）

「伝える」ことと「伝わる」こと　中井久夫

精神が解体の危機に瀕した時、それを食い止めるのが妄想である。解体か、分裂か。その時、精神はよりましな方として分裂を選ぶ。（江口重幸）

私の「本の世界」　中井久夫

精神医学関連書籍の解説、『みすず』等に掲載の年間読書アンケート等とともに、大きな影響を受けたヴァレリーに関する論考を収める。（松田浩則）

モーセと一神教　ジークムント・フロイト　渡辺哲夫訳

ファシズム台頭期、フロイトはユダヤ民族の文化基盤ユダヤ教に対峙する。自身の精神分析理論を揺るがしかねなかった最晩年の挑戦の書物。

悪について　エーリッヒ・フロム　渡会圭子訳

私たちはなぜ生を軽んじ、自由を放棄し、進んで悪に身をゆだねてしまうのか。人間の本性を克明に描き出した不朽の名著、待望の新訳。（出口剛司）

ラカン入門　向井雅明

複雑怪奇きわまりないラカン理論。だが、概念や理論の歴史的変遷を丹念にたどれば、その全貌を明快に理解できる。『ラカン対ラカン』増補改訂版。

引き裂かれた自己　R・D・レイン　天野衛訳

統合失調症とは、苛酷な現実から自己を守ろうとする決死の努力である。患者の世界に寄り添い、反精神医学の旗手となったレインの主著、改訳版。

素読のすすめ　安達忠夫

素読とは、古典を繰り返し音読すること。内容の理解は考えない。言葉の響きやリズムによって感性を耕し、学びの基礎となる行為を平明に解説する。

言葉をおぼえるしくみ　今井むつみ　針生悦子

認知心理学最新の研究を通し、こどもが言葉や概念を覚えていく仕組みを徹底的に解明。さらにその仕組みを応用した外国語学習法を提案する。

ハマータウンの野郎ども　ポール・ウィリス　熊沢誠／山田潤訳

イギリス中等学校〝就職組〟の闊達でしたたかな反抗ぶりに根底的な批判を読みとり、教育の社会秩序再生産機能を徹底分析する。（乾彰夫）

ちくま学芸文庫

神社の古代史

二〇一九年五月 十 日　第一刷発行
二〇二五年四月十五日　第二刷発行

著　者　岡田精司（おかだ・せいし）
発行者　増田健史
発行所　株式会社 筑摩書房
東京都台東区蔵前二―五―三　〒一一一―八七五五
電話番号　〇三―五六八七―二六〇一（代表）
装幀者　安野光雅
印刷所　中央精版印刷株式会社
製本所　中央精版印刷株式会社

乱丁・落丁本の場合は、送料小社負担でお取り替えいたします。
本書をコピー、スキャニング等の方法により無許諾で複製することは、法令に規定された場合を除いて禁止されています。請負業者等の第三者によるデジタル化は一切認められていませんので、ご注意ください。
© NOZOMU OKADA 2019　Printed in Japan
ISBN978-4-480-09913-6 C0114